K

Mon chien est-il dominant?

Données de catalogage avant publication (Canada)

Dehasse, Joël
  Mon chien est-il dominant?

(Collection Guide pas bête)

  1. Chiens - Mœurs et comportement.   2. Hiérarchie sociale chez les animaux.
I. Titre   II. Collection.

SF433.D435   2000   636.7'0887   C00-941522-X

Dr Joël Dehasse

Mon chien est-il dominant?

Rester maître chez soi !

le jour, éditeur

COLLECTION 🐾 GUIDE PAS BÊTE

Introduction

«On m'a fait mauvaise presse, dit le chien, en me qualifiant de dominant, parce qu'à ce mot, on associe agressif et méchant.»

Le chien secoue la tête et reprend: «Je voudrais te dire que je suis fatigué d'entendre dire à tort et à travers que je suis dominant puisque je ne me laisse pas faire, parce que je rechigne à obéir à la contrainte. Te laisserais-tu faire, toi? Ici! Assis! Au pied! Couché! Et pour quel salaire? Cela te plairait, à toi, cette vie-là? Et si tu grognais, serais-tu dominant?»

Le chien me regarde droit dans les yeux et pense: «S'il te plaît, voudrais-tu écrire ce guide afin que, désormais, on me prenne réellement pour qui je suis. Si je suis dominant, c'est avec fierté que je l'assumerai…»

À quoi sert ce guide?

La psychologie populaire décrit le chien dominant comme un chien agressif, sans peur, désobéissant et responsable de toutes les nuisances. Mais le chien dominant est tout autre. Il peut être charmant, affectueux, prendre des initiatives, aider les personnes en cas de besoin. Voilà une autre image du chien dominant, une image positive. J'ai écrit ce guide pour vous expliquer ce qu'est réellement un chien dominant, comment il vit en hiérarchie, comment il peut vivre avec nous dans nos familles ou avec des congénères dans une meute.

À qui sert ce guide ?

À vous. C'est votre premier chien ? Vous avez des chiens depuis votre enfance, le chien n'a plus de secrets pour vous, mais il est parfois impulsif, dominant ? Vous êtes éducateur canin ? Vous êtes vétérinaire ?

Je vais tenter de vous conseiller dans le domaine de l'apprentissage du chien.

L'échec est-il permis ?

Ce guide ne remplace pas une consultation auprès d'un vétérinaire comportementaliste ; le chien peut avoir de sérieux problèmes, des pathologies comportementales.

Un guide n'est pas une encyclopédie

Un guide va à l'essentiel. Il tient plus du manuel que de l'encyclopédie. Il est essentiellement pratique, même s'il contient des éléments de théorie. Un guide prend des raccourcis et ne tente pas de tout expliquer.

Questions

Mon chien est désobéissant

«Mon chien refuse d'obéir. Il ne veut pas se coucher à l'ordre. On a essayé toutes les techniques, la gentillesse, la force. Rien n'y fait. C'est impossible. On m'a dit qu'il était dominant. L'est-il vraiment?»

Cette interrogation souligne le doute du propriétaire, et c'est normal de douter: un chien désobéissant pourrait être dominant ou dominé. L'obéissance ne dépend pas seulement du statut social, mais aussi des techniques d'éducation. Si vous suivez celles expliquées dans *Mon chien est bien élevé* ou dans *L'éducation du chien,* vous pourrez faire obéir un chien dominant sans aucune difficulté, car je propose des techniques éducatives basées essentiellement sur la récompense.

Si, en revanche, vous estimez qu'un chien doit obéir par crainte de l'autorité de son maître, alors vous aurez plus d'aisance avec un chien dominé. En effet, le chien dominant supporte mal les contraintes d'une éducation autoritaire ou punitive.

Mon chien est craintif

Cette fois encore, il n'y a aucune relation entre la crainte et le statut social. Je connais de nombreux chiens dominants qui sont autoritaires dans la maison, mais qui n'osent pas sortir tellement ils ont peur de marcher dans la rue.

Oscar empêche l'accès au sofa quand il y est couché. Personne ne peut s'en approcher: il menace et il a même déjà mordu. Il essaie aussi d'empêcher ses maîtres de sortir de la maison et leur bloque le passage de la porte d'entrée. Il est agressif au moment de la mise en laisse et il a de bonnes raisons pour cela : il ne veut pas sortir dans la rue. Il a peur. Il accepte cependant de monter dans la voiture, dans le garage, seul moyen de l'emmener en forêt pour qu'il s'ébatte et se détende.

Mon chien est courageux

« J'ai sûrement un chien dominant. Il fonce vers les autres chiens, l'échine dressée. Mon chien n'a peur de rien. Il aboie quand le tonnerre éclate. Il défend la maison contre tous les intrus. »

Un chien courageux est-il dominant ? Le courage s'oppose à la peur, mais l'un et l'autre n'ont rien à voir avec le statut social et le niveau de dominance d'un chien. Être courageux favorise la prise de décisions actives, comme affronter un danger ou les objets de crainte. Le courage favorise l'action, l'agressivité. Un chien courageux entrera plus facilement en conflit avec ses propriétaires pour obtenir des privilèges, comme voler des aliments sur la table pendant le repas des maîtres ou s'approprier le meilleur fauteuil pour regarder la télévision. Le chien courageux ne craindra pas l'autorité des maîtres ni leurs menaces de punition. Il leur tiendra tête plus facilement qu'un chien craintif qui a peur de tout. Le chien courageux défendra ses privilèges de chien dominant.

Mon chien lève la patte

« Mon chien lève la patte sur le fauteuil et les pieds de table. Il doit être dominant. »

Ce n'est pas exclu, en effet, qu'un chien qui marque à l'urine dans la maison désire signifier son statut social élevé. Mais il peut aussi le faire pour des motivations sexuelles, pour communiquer son état de réceptivité sexuelle. Dans les cas où ce comportement est activé par les hormones sexuelles masculines comme la testostérone ou les hormones des chaleurs comme les œstrogènes, la castration (ou les médications qui réduisent la concentration de la testostérone ou des œstrogènes) réduit ce problème. Mais uniquement dans ces cas, parce que la castration est sans effet sur le marquage urinaire du chien dominant.

Mon chien est gentil

«Mon chien est gentil, il est affectueux, donc il n'est sûrement pas dominant.»

C'est encore une idée reçue, partiellement vraie, donc partiellement fausse. Un chien gentil peut très bien être dominant s'il a les privilèges et les postures du chien dominant. Mais étant gentil, il sera sans doute moins enclin à défendre ses privilèges et à vouloir à tout prix maintenir son statut de dominant. C'est pourquoi sa dominance éventuelle entraînera moins de nuisances.

Mon chien est agressif

«Mon chien agresse les autres chiens. Il leur fonce dessus, les bouscule, les renverse, les retourne. Une fois l'autre chien couché et immobile, il s'en va. Est-il dominant?»

«Mon chien ne supporte pas d'être brossé sans mordre. Il me domine, non?»

Un statut dominant peut être acquis par bagarre. Si l'un des chiens gagne et que l'autre adopte une posture de soumission, le vainqueur s'en sort avec plus de prestige. Si le chien perdant se soumet à chaque rencontre, alors le vainqueur a acquis un statut de dominant face à lui.

En revanche, être agressif au moment du brossage n'est pas spécialement un signe de dominance. Même les chiens dominés peuvent montrer cette forme d'agression de défense.

Mon chien est une chienne

«Une chienne peut-elle être dominante?»

Bien entendu, une chienne peut être dominante. Le système social du chien semble être patriarcal, c'est-à-dire macho sur le plan de l'autorité (pas spécialement sur le plan de la conduite du groupe). Le chien mâle a davantage d'autorité. C'est spontané, automatique. Un propriétaire masculin aura plus d'autorité naturelle qu'une femme sur un chien mâle, mais moins sur une chienne.

Nous verrons plus loin que cette organisation complexe est autre chose que juste une hiérarchie de type macho.

La dominance remise en question

Toutes les questions de ce chapitre ont été posées par des propriétaires. Elles témoignent de la grande confusion qui existe au sujet de la dominance. On représente souvent le chien dominant comme un animal agressif, désobéissant, courageux et le chien dominé ou soumis comme un animal craintif, obéissant, gentil. Ces deux images possèdent des éléments de vérité et de méprise. Pour éclaircir ces données, je décris, dans le chapitre suivant, les différents axes de comportements.

Les différents axes de comportement

Pour répondre aux questions posées dans le chapitre précédent, à savoir un chien peut-il être dominant et craintif, dominant et obéissant, je vous propose d'étudier quelques paires de comportements opposés. Je les ai appelés les « axes » de comportement par analogie aux axes nord-sud et est-ouest. Si le nord est dominant, alors le sud est dominé ou soumis. Si l'est se révèle craintif, alors l'ouest est téméraire. Tout comme on peut se diriger vers le nord-ouest ou le nord-est, le chien peut être dominant-téméraire ou dominant-craintif. Prenons quelques exemples. Comme nous venons de le voir, dominance et soumission (dominé) se trouvent aux deux pôles d'un même axe. Même chose pour l'hyperactivité et la passivité. La témérité et la crainte sont contraires. Le contrôle de soi et l'impulsivité sont antagonistes. L'agressivité et la non-agressivité s'opposent.

Dominance	Hyperactivité	Témérité	Contrôle	Agressivité
↑↓	↑↓	↑↓	↑↓	↑↓
Challenge	Activité	Courage	Contrôle moyen	Agressivité moyenne
↑↓	↑↓	↑↓	↑↓	↑↓
Soumission	Passivité	Crainte	Impulsivité	Non-agressivité

Les axes sont séparés

Ces axes de comportement sont complètement indépendants. Par exemple, il n'existe pas d'axe «dominance-crainte», «agressivité-passivité», etc. Un chien se situe sur un de ces axes, soit à chaque extrémité, soit au milieu. On pourrait donc qualifier un chien en fonction de sa position sur un axe. Voici quelques exemples.

Jo, le cocker	dominant	hyperactif	téméraire	contrôlé	moyennement agressif
Jack, le Jack Russell	challenger	actif	craintif	impulsif	agressif
Rambo, le rottweiler	soumis	passif	craintif	contrôlé	non agressif

Dans ces exemples totalement imaginaires (les individus proposés ne sont pas représentatifs de leur race), le chien le plus dangereux sera Jack, le Jack Russell; le moins dangereux, Rambo, le rottweiler. Jo, le cocker, sera dominant parce que ses propriétaires l'ont laissé devenir ainsi. Ce n'est pas un élément de sa personnalité mais bien un élément relationnel. Personne n'est dominant ou soumis tout seul. On ne le devient qu'en relation avec les autres individus de son groupe social.

Je propose à chaque lecteur propriétaire d'un chien de situer son chien sur chacun de ces cinq axes.

Les axes et la dangerosité

La dangerosité est le risque, la probabilité, d'un danger. Le plus grand danger vient non pas d'un chien dominant, mais d'un chien sans contrôle, impulsif, agressif, craintif ou téméraire, hyperactif. Un chien dominant, non agressif, n'est pas désagréable à vivre. Un chien dominé, agressif, impulsif et hyperactif est une vraie plaie sociale.

Le chien idéal en famille

Le chien idéal pour la famille est :
- bien hiérarchisé, ni dominant ni soumis ;
- bien contrôlé dans tous ses actes ;
- non agressif ou moyennement agressif pour se défendre quand c'est nécessaire ;
- ni téméraire ni craintif, mais avec la juste dose de courage pour affronter l'inconnu et les nouveautés ;
- actif sans excès.

Mais le chien idéal existe-t-il ?

Qu'est-ce que la dominance ?

Si la dominance n'est ni l'agressivité, ni la désobéissance, ni le courage..., qu'est-elle donc et comment pouvons-nous la définir ?

Définition

Un chien possède un statut dominant s'il a les postures, les comportements et les privilèges du dominant.

J'énumère ci-après ces privilèges, ces postures et ces comportements, et je reviendrai sur ces éléments dans les chapitres suivants.

Les privilèges du dominant

- Manger en présence de spectateurs : assister à son repas accélère la vitesse d'ingestion des aliments – et le chien dominant prend une posture haute.
- Manger le premier, quand il veut, à son aise.
- Dormir où il veut, dans la chambre, sur les fauteuils, au milieu d'une pièce.
- Contrôler les passages entre les pièces et le déplacement des personnes en se mettant dans le chemin ou à l'endroit qui permet de voir tous les déplacements, de tout savoir.
- Recevoir des attentions gratuitement ou à sa demande.
- Faire des avances et avoir des relations sexuelles devant tout le monde.
- Empêcher les individus (humains ou chiens) d'entrer ou de sortir du groupe ou de la pièce.

- Faire alliance avec les autres figures dominantes de la famille.
- Se tenir plus proche de la femme que son mari s'il s'agit d'un chien, plus près de l'homme que sa femme s'il s'agit d'une chienne.
- Ne pas obéir aux ordres non suivis de gratification.
- Marquer à l'urine par-dessus des (et plus haut que les) marques des autres.
- Marquer à l'urine (dans la maison) en cas de mécontentement, par exemple quand il est laissé seul.
- Déposer des selles (normales) dans des lieux très visibles.
- Attaquer (ronger, gratter) les objets qui entourent le lieu de départ des autres membres du groupe (chambranles, portes).
- Défendre ses privilèges à l'aide de comportements agressifs : menaces et, si nécessaire, attaques avec un pincement bref.
- S'approprier les chiots d'une autre chienne et leur empêcher l'accès à celle-ci.
- S'approprier les enfants de la propriétaire et leur empêcher l'accès à celle-ci.
- Décider quand il va se promener, où et combien de temps.
- Décider quand il veut jouer et imposer le jeu (le type de jeu et sa durée) aux autres.

Les postures et les comportements dominants

- Prendre une attitude dressée (posture haute) de façon répétée lorsqu'il mange et que quelqu'un s'approche.
- Poser ses pattes ou sa tête sur l'échine ou l'épaule des autres chiens en cas de conflit ou s'ils ne prennent pas automatiquement une posture basse en sa présence.
- Refuser la position couchée (sur le dos) en cas de conflit ou de contrainte.
- Se mettre sur le dos pour demander des caresses. Se raidir ou grogner pour faire arrêter le contact.

- Adopter une posture haute et grogner ou montrer les dents, quand on le regarde fixement dans les yeux.
- Chevaucher les personnes ou les autres chiens.

Comment savoir si son chien est dominant ?

Il est probable que votre chien est dominant s'il présente :
- 8 privilèges de dominance ;
- 3 postures ou comportements dominants.

Précision importante : un chien dominant dans un système (une meute, une famille) n'est pas automatiquement dominant dans un autre système. Il peut très bien être dominé par un autre chien ou un autre propriétaire. La situation de dominance est relative, elle dépend du système dans lequel le chien vit.

Et ceci est tout aussi valable pour l'être humain. Le patron d'une entreprise régionale d'une multinationale est dominant. Mais il est dominé par rapport au patron de la multinationale dont il dépend.

Les anciennes définitions

La dominance a longtemps été définie comme une différenciation stable des relations entre deux individus à la suite d'une ou de plusieurs rencontres agressives. Par « rencontre agressive », on parlait de combat, mais elle pouvait se limiter aux phases de menace et d'apaisement, sans qu'il y ait attaque.

Cette définition ne prenait en compte que les postures et leurs consé-quences. Le chien dominant avait une posture haute et active, le chien dominé, une posture basse et inactive. Le chien dominant gagnait le conflit et avait la priorité dans l'accès aux ressources comme la nourri-ture ou le lieu de couchage.

Petit à petit, on a compris que certains chiens dégageaient une autorité morale qui leur permettait d'en imposer aux autres, de s'imposer, et d'obtenir des privilèges qu'ils allaient alors défendre.

La définition a donc évolué : on est passé progressivement du chien dominant-actif ou dominant-agressif, au dominant-autoritaire, puis au dominant-contrôlé.

Et la notion de combat a été remisée au placard des anciennes théories. Un chien peut être dominant sans jamais avoir combattu. Cependant, il est impossible qu'il soit dominant s'il ne peut conserver ses privilèges. Le chien dominant possède une autorité qui ne nécessite pas de recourir à l'agressivité. Si cette autorité est remise en question, il peut recourir à l'agression. Cette agression sera contrôlée, c'est-à-dire que le chien dominant infligera juste la correction nécessaire pour que le dominé respecte ses privilèges.

Les privilèges
du chien dominant

Communiquer par accès aux privilèges

Accéder aux privilèges des dominants signale aux autres membres du groupe qu'on a un statut de dominant. C'est un message complexe, mais un chien ne peut envoyer que des messages complexes.

Tout comportement social est un message complexe

Le chien est un animal social. Tout comportement peut avoir des impacts sociaux sur l'organisation de la hiérarchie. Il existe toujours une règle générale selon laquelle le dominant est visible, voire exhibitionniste, alors que le dominé est peu visible. Je vais détailler ici ces messages complexes et les organiser en fonction de critères didactiques.

Les messages complexes émis par les chiens n'ont pas tous la même valeur. En fait, la valeur d'un message change avec chaque chien, avec chaque groupe, avec l'humeur ou avec l'âge. Par exemple, un chien mâle en état d'excitation sexuelle peut avoir moins d'appétit et laisser à d'autres le privilège de manger avant lui. Quelques jours plus tard, il reprendra ses privilèges et agressera le chien qui tentera de les lui usurper.

L'accès à l'alimentation, le repas

Les privilèges des dominants quant à l'alimentation sont les suivants :
- manger en présence de spectateurs : assister à son repas accélère la vitesse d'ingestion des aliments, et le chien dominant prend une posture haute ;
- manger le premier, quand il veut, à son aise.

L'accès à l'aliment est organisé tant dans une meute de chiens que dans une famille-meute. Le chien ne mange pas que pour se nourrir, mais aussi pour montrer son rang hiérarchique.

Le chien dominant mange de façon visible, le premier, lentement afin qu'on le regarde. Il choisit les meilleurs morceaux et obtient de la nourriture sur simple demande. Il mange mieux quand on le regarde, quand on l'encourage gentiment quand le propriétaire se soumet, baisse la tête et les épaules, se fait plus petit, en somme quand il prend une posture basse. Il demande parfois qu'on lui donne l'aliment à la main. Le chien dominant savoure son repas.

Le chien dominé accède aux aliments après le dominant. Il ingère vite sa ration calorique. Pour lui, manger seul n'est pas ennuyeux. Le chien dominé avale sans mâcher ce qui se trouve à sa disposition, quand la nourriture est disponible. Le chien dominé peut mendier, mais il ne reçoit de la part du dominant qu'après une longue demande accompagnée des postures d'apaisement requises.

Ordre d'accès au repas

Dominant	Le chien mange le premier, directement avant les autres, dans les mêmes lieux.
Dominé	Le chien mange le dernier, après les autres, dans les mêmes lieux ou ailleurs (tout seul).

Obtention à la demande

Dominant	Le chien obtient sa nourriture après une simple demande et agresse en cas de réception tardive.
Dominé	Le chien obtient (parfois) sa nourriture après de longues demandes, accompagnées de postures d'apaisement et ne reçoit que lorsque le maître l'a décidé.

Présence du groupe et vitesse d'ingestion

Dominant	Le chien mange lentement, vérifie si on le regarde manger et s'arrête quand il n'y a personne autour de lui.
Dominé	Le chien mange rapidement, que ses propriétaires soient présents ou non dans la pièce.

Le dominant, tout comme le dominé, peuvent défendre leur repas par des grognements ou des morsures. C'est la posture qui fait la différence : le dominant est droit sur ses membres tandis que le dominé est en partie accroupi, la tête entre les épaules. Le dominant comme le dominé acceptent que le propriétaire vienne toucher à leur gamelle pendant qu'ils mangent ; mais le dominant attend de son propriétaire des attitudes basses et apaisantes et une approche lente, tandis que le dominé accepte une approche directe et rapide.

Contact du propriétaire avec le chien et agressivité

Dominant	Le chien peut défendre son repas en prenant une attitude dressée. Il tolère l'accès du propriétaire, soit lorsque celui-ci émet tous les signes de soumission (approche lente, regard détourné), soit en fin de repas.
Dominé	Le chien peut grogner lorsque son propriétaire entre dans la pièce, s'arrêter de manger, s'arc-bouter au-dessus de son repas ou se retirer à côté de la gamelle.

L'accès à la sexualité

Le dominant peut :
- faire des avances sexuelles (parader, flirter) et s'accoupler devant tout le monde.

Dans un petit groupe, seul le couple dominant a le droit d'avoir des relations sexuelles (devant tout le monde), de se reproduire, d'avoir des petits. Dans les grands groupes, plusieurs couples se forment et, parfois, le mâle dominant tente de saillir toutes les femelles en chaleur. Il en fait parfois tant, qu'il ne s'agit alors que d'un simulacre de saillie, non efficace et non fécondant. Un mâle occupant le deuxième ou le troisième rang dans la hiérarchie réalise alors une saillie fécondante en cachette du dominant.

La sexualité du chien dominant est exhibitionniste. Elle se manifeste par des chevauchements, l'exploration de l'entrejambe des autres sujets et le léchage de son propre sexe (ainsi que la masturbation), qui sont exacerbés en présence de spectateurs, surtout du maître de même sexe : le mâle en présence de monsieur et la femelle en présence de madame.

La sexualité du chien dominé est discrète et inhibée en présence du chien dominant ou du propriétaire de même sexe (s'il est considéré comme dominant).

Le chevauchement (dominant) et l'acceptation du chevauchement (dominé, rituel d'apaisement) sont deux postures sociales complémentaires, normales chez les chiens des deux sexes. Il ne s'agit pas d'une manifestation d'homosexualité. Il faut en effet différencier ce chevauchement hiérarchique du chevauchement sexuel, qui ne se pratique qu'avec un partenaire de sexe opposé, après une période de cour (flirt), et qui se double d'une tentative de pénétration (accompagnée d'une érection). La distinction n'est pas toujours facile à faire, le chevauchement hiérarchique s'accompagnant fréquemment d'une érection partielle. Les médicaments anti-hormones sexuelles (testostérone, œstrogènes) réduisent les chevauchements sexuels.

Notons enfin que le chien dominant trouve intolérables les manifestations sexuelles des autres membres de son groupe, chiens ou humains. Il s'y oppose, en attaquant si nécessaire. Il contrôle l'expression de la sexualité dans le groupe.

Le contrôle de la distance sociale

Le chien dominant peut :
- faire alliance avec les autres figures dominantes de la famille ;
- se tenir plus près d'une femme (que son mari) s'il s'agit d'un chien, plus près d'un homme (que sa femme) s'il s'agit d'une chienne ;
- contrôler les passages entre les pièces et le déplacement des personnes en se plaçant dans le chemin ou à l'endroit qui permet de voir tous les déplacements, de tout savoir ;
- empêcher les individus (humains ou chiens) d'entrer ou de sortir du groupe ou de la pièce ;
- attaquer (ronger, gratter) les objets qui entourent le lieu de départ des autres membres du groupe (chambranles, portes).

Le chien dominant tente de faire alliance (couple) avec un partenaire de sexe opposé. Il a tendance à rester à faible distance de ce partenaire, à en défendre l'accès aux autres sujets du même sexe que lui.

Ce que l'on appelle communément « jalousie » est justement cette manifestation agressive d'interdiction de contact avec la personne défendue et protégée, interdite d'accès à des concurrents. Quand les propriétaires se câlinent ou s'embrassent, le chien mâle interdira de s'approcher de madame, la chienne interdira de s'approcher de monsieur. Il faut faire la différence entre ce contrôle agressif du contact social et le désir du chien de participer aux ébats joyeux et plaisants des personnes ; à ce moment-là, l'attitude du chien est très différente puisqu'il présente des manifestations de joie et d'appels au jeu.

L'accès social peut être contrôlé par un chien en promenade qui interdira à un étranger de s'approcher de son propriétaire ou de lui parler, ou interviendra lorsque la conversation durera plus longtemps qu'il ne l'a désiré.

Le chien dominant contrôle les déplacements des membres du groupe, leurs entrées et leurs sorties. S'il ne peut attaquer l'individu, humain ou chien, qui s'en va sans son accord – c'est-à-dire sans un rituel particulier, propre au groupe, par lequel un dominé peut prendre congé du dominant –, il redirigera son agressivité sur les objets situés à proximité des portes ou des fenêtres d'où il peut regarder s'éloigner le dominé.

Le privilège de prendre les initiatives

Le dominant peut :
• recevoir des attentions gratuitement ou à sa demande ;
• dormir où il veut, dans la chambre, sur les fauteuils, au milieu d'une pièce ;
• décider quand il va se promener, où et combien de temps ;
• décider quand il veut jouer et imposer le jeu (le type de jeu et sa durée) aux autres.

Le chien dominant se fait remarquer lorsqu'il a le désir d'un contact, de jeux, de sortir, de rentrer ou de manger. C'est le dominant qui prend les initiatives, alors que le dominé suit et répond aux initiatives du dominant.

C'est assez caractéristique des contacts plaisants, des caresses. Le dominant demande la caresse. Si le propriétaire répond, il obéit au chien et se soumet. Le dominant demande ensuite – en raidissant le corps ou en grognant si nécessaire – que la caresse s'arrête. Si le propriétaire ne comprend pas cette demande et continue de caresser le chien, il risque de se faire remettre à l'ordre en se faisant mordre.

L'accès à – et le contrôle de – l'espace

Le chien dominant préfère se tenir aux endroits qui lui permettent de surveiller l'ensemble des passages – lieux de contrôle de passage – ainsi que dans les lieux élevés et les places choisies par les autres dominants (chiens ou humains).

Toute tentative de limiter soit l'accès à ces lieux de prédilection, soit la maîtrise que le chien dominant exerce sur l'espace, entraîne une remise à l'ordre par de l'agression compétitive.

Dormir dans la chambre, est-ce un privilège dominant ?

On peut constater que dormir dans la chambre n'est pas spécialement une marque de dominance contrairement à ce que l'on raconte habituellement. En revanche, en contrôler l'accès est un comportement dominant.

Dormir sur le lit pour contrôler l'accès au lit et à la personne de l'autre sexe qui y est couchée est assurément un privilège. Mais dormir au pied du lit sans contrôler le moindre accès n'est pas un comportement dominant.

Il est très fréquent d'observer chez les chiens, même dominés, une défense du lieu de couchage. Il ne faut pas confondre la défense d'un lieu dominant au moyen d'une agression compétitive – le chien est en compétition avec un challenger pour le même lieu de couchage – et la défense d'un lieu de couchage au moyen d'une agression de défense.

Le chien dominant est toujours *visible*. Encore faut-il qu'il présente les postures de dominance, parce qu'un chien dominé, infantile, hyperattaché à son maître, sera également toujours visible ; il sera lui aussi en contact physique avec le maître et se montrera incapable de rester à distance ou de rester seul. Le dominant n'éprouve pas ce genre de problème.

L'accès à la maternité

La dominante peut:
- s'approprier les chiots d'une autre chienne et leur empêcher l'accès à celle-ci;
- s'approprier les enfants de la propriétaire et leur empêcher l'accès à celle-ci.

C'est un privilège d'avoir des petits et les dominantes sont les seules à y avoir droit. Les dominées ont leur cycle (chaleurs ou *œstrus*) en même temps que les dominantes et elles ont une montée de lait au moment de la mise bas de celles-ci. C'est la fameuse «grossesse nerveuse» – dont le nom scientifique est pseudocyèse – qui n'a en fait rien de nerveux; phénomène hormonal tout à fait normal, cette montée de lait permet de suppléer, au besoin, un défaut d'allaitement de la dominante. Elle permet aussi aux chiots de venir téter à plusieurs mamelles. Ce phénomène favorise la sociabilité.

La chienne dominante peut se montrer très intolérante envers la portée d'une dominée. Elle peut attaquer les chiots, les tuer ou les voler à son profit.

Les choses peuvent se passer de la même façon entre la chienne dominante et sa propriétaire enceinte. Il convient dans ce cas de redoubler de prudence et d'entourer le nouveau-né de précautions: tout comme un chiot, l'enfant risque d'être attaqué ou kidnappé. La chienne pourrait se mettre devant le berceau et empêcher la mère d'approcher son enfant.

Le dépôt des déjections sociales

Le chien dominant peut:
- marquer à l'urine a par-dessus des (et plus haut que les) marques des autres chiens, surtout, celles des concurrents.

- marquer à l'urine (dans la maison) en cas de mécontentement, par exemple quand on le laisse seul;
- déposer des selles dans des lieux très visibles.

Par déjections sociales, je parle des marques urinaires et des dépôts visibles de selles.

La marque urinaire est un dépôt d'urine, en hauteur, sur un objet voyant, souvent en saillie. Pour la produire, le chien se déhanche, lève une patte et émet quelques gouttes d'urine. Le comportement de marquage urinaire est souvent émis en présence d'individus que le chien provoque et qu'il met au défi. Le chien marqueur se présente souvent de dos ou de côté – très peu souvent face à son adversaire potentiel. Le chien mis en compétition peut répondre, de façon diplomate, à l'aide d'une marque urinaire ou entrer dans le conflit. Ce conflit peut se limiter à des parades et à des menaces. Le chien dominant s'attend à ce que le dominé prenne des postures de soumission.

Le marquage est souvent émis par le chien dominant en présence des propriétaires.

Le marquage urinaire se fait après que le chien mâle a reniflé des odeurs d'urines ou des griffades d'autres mâles, ou à proximité des lieux ou sur les lieux où le propriétaire, jugé insuffisamment dominant, a déposé des phéromones: son coussin, sa place dans le lit, son fauteuil, ses chaussettes, ses sous-vêtements, son sac de travail, etc. Ce petit jeu social n'est pas l'apanage des mâles puisque les femelles agissent de la même façon envers leur maîtresse.

La communication sociale consiste aussi – mais plus rarement – en un dépôt de selles bien moulées, sur un support visible, parfois en hauteur: au milieu du salon, sur la table de la salle à manger, sur un accoudoir de fauteuil ou sur une chaise. Ce cadeau est éminemment irritant pour les propriétaires; le chien risque de le déposer lors de frustration majeure. Un exemple de frustration est le départ des propriétaires sans demander l'avis du chien dominant, qui se considère «maître» de maison.

La gestion des relations sociales

Le chien dominant est un patriarche (ou une matriarche). Il règne sur un groupe de chiens ou de personnes. Il désire la paix au sein de ce groupe. Il se donne le droit d'intervenir dans des conflits qui, *a priori*, ne le concernent pas. Mais ce n'est pas une préoccupation constante. Certains chiens dominants n'ont que faire des querelles de leurs subalternes. Si le groupe doit avoir une activité coordonnée, à ce moment, le dominant règle les conflits et ordonne à chacun de se tenir coi par des postures hautes, des regards, et si nécessaire, en mordant.

Dominance et agression

Le chien dominant est en droit de :
- défendre ses privilèges à l'aide de comportements agressifs : menaces et, si nécessaire, attaques avec pincement bref.

Bien entendu, ces agressions prennent différentes formes : compétitive, irritative, territoriale, maternelle. Je vous en parlerai dans un prochain chapitre.

Dominance et apprentissage

Le chien dominant a le droit de :
- ne pas obéir aux ordres non suivis de gratification.

Il existe deux techniques éducatives, la première basée sur l'autorité, la seconde, sur la récompense.

Pour la technique autoritaire, c'est le statut de l'éducateur ou du membre de la famille par rapport à celui du chien qui entre en ligne de compte. Si la personne est dominante, elle aura davantage d'autorité et le chien obéira plus aisément.

Si la personne est dominée, le chien n'a aucune raison de se soumettre à son autorité. Le chien dominant ne reconnaît aucune autorité. Donc, toute technique éducative basée sur l'autorité est inadéquate.

En revanche, si on apporte au chien d'excellentes gratifications (récompense alimentaire, jouet), on peut très bien le faire obéir. Avec la bonne technique, le chien dominant obéit très bien. Mais comprenez bien qu'un chien obéissant n'est nullement un chien soumis.

TABLEAU RÉCAPITULATIF DE MESSAGES COMPLEXES DES CHIENS

CARACTÉRISTIQUES DU DOMINANT	CARACTÉRISTIQUES DU DOMINÉ
Mange le premier, quand il veut, à son aise.	Mange le dernier, quand on le lui impose et rapidement.
Assister à son repas accélère la vitesse d'ingestion des aliments; le chien prend une posture haute.	Assister à son repas est sans influence sur la vitesse d'ingestion des aliments.
Le regarder fixement entraîne chez le chien une posture haute et des grognements.	Le regarder fixement réduit la vitesse d'ingestion des aliments; le chien prend une posture basse et grogne parfois.
Dort où il veut, dans la chambre, sur les fauteuils, au milieu d'une pièce.	Dort où on le lui impose, dans un coin d'une pièce sans valeur sociale, mais ni dans la chambre ni sur les fauteuils (sauf si autorisé).
Reçoit les attentions gratuitement ou à sa demande.	Ne reçoit aucune attention, ou alors seulement en récompense d'une obéissance (soumission).
A accès à la sexualité exhibitionniste.	N'a pas accès à la sexualité, sinon en cachette.
Adopte une attitude dressée, pose ses pattes ou sa tête sur l'échine ou l'épaule des autres.	Adopte une attitude basse, accepte que le dominant pose ses pattes ou sa tête sur son échine ou ses épaules.

Ne se met pas en position couchée (sur le dos) en cas de conflit.	En cas de conflit, se couche sur le dos, pattes en l'air (position de soumission).
Se met sur le dos pour demander des caresses. Se raidit ou grogne pour faire cesser le contact.	Se met sur le dos pour se faire caresser. S'éloigne pour arrêter le contact.
Décide quand il va se promener, à quel endroit et pendant combien de temps.	Accepte le moment, le lieu et la durée de la promenade qui lui sont imposés.
Décide quand il veut jouer et impose le jeu aux autres.	Accepte le moment et le style de jeu qui lui sont imposés.
N'obéit aux ordres que s'ils amènent une gratification.	Obéit aux ordres rapidement.
Quand il est seul, il marque à l'urine ou il abîme les objets qui entourent le lieu de départ des autres membres du groupe (chambranles, portes).	Ne marque pas à l'urine ni ne détruit les lieux de sortie.
Empêche les individus d'entrer ou de sortir du groupe ou de la pièce.	Accepte l'entrée et la sortie de tout le monde.

Les postures
du chien dominant

Une communication claire

Le chien doit pouvoir envoyer des messages clairs et précis.

En cas de conflit, la vie du congénère ne doit pas être mise en danger; les combats sont ritualisés n'entraînant de blessures qu'en cas de manquement grave aux règles. Cela nécessite un contrôle de soi total et un apprentissage des rituels de combat.

En dehors des conflits, la vie doit être paisible. Chaque membre de la meute doit comprendre les postures et connaître les rituels du groupe, notamment les rituels de dominance, d'apaisement et de soumission.

Postures, mimiques et rituels

Pour décoder les postures, il faut analyser différents critères, notamment la hauteur et la position du corps, des oreilles et de la queue, les déplacements intentionnels du regard, de la tête et du corps. Ces postures sont associées aux signaux émotionnels qui les confirment ou les infirment.

Chaque posture est composée de différents éléments:
- hauteur,
- regard,
- mimiques,
- mouvements.

Exemple de posture d'apaisement: mouvement lent, truffe tendue vers l'oreille du partenaire, posture basse, oreilles couchées, face lisse et yeux mi-clos.

La posture haute et la posture basse

Le chien dominant peut:
- prendre une attitude dressée (posture haute) de façon répétée, en cas de conflit, lorsqu'il mange et que quelqu'un s'approche;
- refuser la position couchée sur le dos en cas de conflit ou de contrainte.

La posture haute, dressée, est associée à une certaine assurance de soi: redressement et raideur du devant du corps, tête haute sur un cou étiré, oreilles dressées, queue relevée et exposition anogénitale. La posture haute est incorporée aux rituels de dominance.

La posture basse accompagne une perte d'assurance: accroupissement sur les quatre membres, cou fléchi enfoncé dans les épaules, oreilles étirées sur la nuque, queue basse, voire entre les membres postérieurs. La posture basse est intégrée aux rituels de soumission.

La mimique de menace

Le chien dominant peut:
- adopter une posture haute et grogner ou montrer les dents quand on le regarde fixement dans les yeux.

Le regard est signifiant. Pour que l'animal perçoive une image avec netteté, la lumière doit frapper la partie centrale de la rétine; le regard doit donc porter sur ce qui se trouve en face, sur le stimulus. Pour qu'il perçoive un mouvement, la lumière doit frapper la partie périphérique de la rétine qui est plus sensible; le regard doit porter légèrement de côté.

Quelle est la signification du regard?
- Le regard de face est menaçant.
- Le regard sur la croupe est dominant.
- Le regard latéral ou détourné (les yeux mi-clos) est craintif, soumis ou apaisant.

Les mimiques sont des expressions exagérées des mouvements corporels qu'elles sont censées remplacer. Chez un chien qui s'apprête à mordre, on observe un retroussement des babines, la découverte des crocs et la rétraction du coin des lèvres. La mimique de menace de morsure implique ces mêmes actions musculaires. Au contraire, l'absence de morsure se traduit par une face lisse, sans contraction musculaire, avec recouvrement des dents. La mimique d'apaisement et de soumission propose justement cette face lisse, avec des yeux mi-clos.

Les rituels du chien dominant

Le chien dominant peut:
- poser ses pattes ou sa tête sur l'échine ou l'épaule des autres chiens (ou les genoux ou la poitrine, voire les épaules des humains) en cas de conflit ou s'ils ne prennent pas automatiquement une posture basse en sa présence.
- se mettre sur le dos pour demander des caresses. Se raidir ou grogner pour faire arrêter le contact.
- chevaucher les personnes ou les autres chiens.

Les rituels sont des séquences comportementales qui ont été détournées de leur signification d'origine et «théâtralisées» afin de devenir des messages. Ce sont des séquences comportementales complètes, des mouvements et non plus seulement des postures. Elles sont jouées de façon caricaturale afin de faire mieux passer le message.

Les mouvements intentionnels sont des mouvements corporels qui ne vont pas jusqu'au bout de leur fonction. Pour mordre, la gueule est projetée en avant afin de saisir et de serrer les mâchoires sur la peau de l'adversaire; dans le mouvement intentionnel, le chien se limite à projeter la tête en avant et, éventuellement, à claquer des dents dans le vide. Pour chevaucher, le corps est élevé et les pattes avant sont posées sur le vis-à-vis; le mouvement intentionnel consiste simplement à poser une patte sur le dos ou l'encolure de l'autre chien. Ce mouvement est ritualisé pour signifier la dominance au moment d'un conflit.

Un autre rituel de dominance est basé sur l'acte sexuel. Celui-ci nécessite un chevauchement. Ce dernier, en l'absence de toute érection, devient une posture rituelle de dominance. Un fragment de cette posture, par exemple mettre la patte sur l'épaule, devient lui-même un rituel de dominance.

Le chien dominant peut également réaliser une prise en gueule de la face avec une morsure totalement contrôlée.

Les rituels du chien dominé

Pour bien décoder les comportements tant du dominant que du dominé, il faut bien connaître leurs postures et leurs rituels à chacun.

La position de soumission est bien connue. En cas de conflit, le chien dominé se couche sur le dos, les quatre pattes en l'air; il s'immobilise et tend le cou. En fait, il expose toutes les zones les plus sensibles de son organisme au chien vainqueur qui pourrait facilement le mordre au ventre ou au cou, lui déchirer les vaisseaux sanguins de la gorge provoquant une hémorragie mortelle. Mais ce n'est pas du tout ce qui se passe. L'exposition du cou et du ventre ainsi que l'immobilité entraînent chez le chien victorieux une inhibition.

Cette inhibition de l'agression provoquée chez le vainqueur par la posture de soumission du vaincu est une constante du comportement des canidés (loups, chiens, chacals...). Mais de nombreux chiens ne la respectent pas, ce qui conduit malheureusement à des accidents.

Acquisition de la position de soumission en présence des adultes

La position de soumission n'est pas instinctive, elle est apprise. Le léchage du périnée des chiots de moins de 3 semaines permet l'élimination des excréments qui sont ingérés par la mère. Le chiot se retourne sur le dos et émet quelques gouttes d'urine, ce qui incite la mère à lécher le ventre du chiot. Cette technique d'apaisement, qui est reproduite en présence d'autres chiens adultes, devient finalement une posture de soumission. Cependant, si la posture adoptée par le chiot pour le léchage du périnée par la mère est un coucher sur le ventre, c'est cette position qui deviendra la position de soumission.

La position de soumission devant la mère, apprise au moment du sevrage, est adoptée avec d'autres chiens adultes. La présence de la mère avec ses chiots au-delà de la cinquième semaine entraîne une soumission spontanée des chiots aux adultes du groupe. L'absence ou le retrait de la mère, alors que les chiots ne sont âgés que de 5 semaines, entraîne une absence de l'utilisation de la posture de soumission face aux adultes lorsque le chiot les rencontre la première fois, généralement entre 12 et 16 semaines. Le chien n'apprend pas la position type de soumission (couché sur le dos) et le rituel n'est pas acquis. La présence de la mère est donc favorable, voire nécessaire, au développement des rituels d'apaisement et de soumission, à la hiérarchisation du chiot dans la meute des adultes.

Autres rituels

Le mordillement des babines (de la commissure des lèvres) est une demande de régurgitation par le chiot à sa mère. Il devient un rituel d'apaisement émis par un chien dominé face à un dominant.

Statut, postures et comportements dominants

Il ne faut pas confondre :
- les postures dominantes (hautes),
- les comportements dominants (rituels),
- le statut dominant.

Prendre des postures dominantes ou avoir des comportements dominants ne confère pas un statut dominant. Deux chiens qui se rencontrent dans la rue peuvent se jauger, communiquer en prenant des postures dominantes, se provoquer, faire des mimiques, des mouvements et des rituels dominants, mais comme ils ne vivent pas ensemble, ils n'ont ni l'un ni l'autre des privilèges à se partager, et donc aucun statut dominant l'un par rapport à l'autre.

La hiérarchie

Pourquoi la hiérarchie ?

Il est impossible pour un chien de ne pas être hiérarchisé.

Le chien est un mammifère social. Il organise la vie de son groupe avec des règles. Ces règles définissent la place et les privilèges de chacun. Une fois chacun à sa place, les disputes sont réduites et la collaboration devient possible. L'ancêtre du chien chassait seul des proies de petite taille ou, en groupe, des proies de grande taille. Le groupe était organisé et la chasse aussi. La coopération exige une bonne entente, ainsi que l'émission et la réception de messages compréhensibles. Il faut donc :

- aimer (presque) chaque membre du groupe (attachement) ;
- éviter les querelles inutiles.

Quand chacun connaît ses limites et que le cadre est sans équivoque, la vie est plus facile. La hiérarchie permet de préciser les limites et d'apaiser les membres du groupe. En l'absence de hiérarchie, la vie devient impossible, les combats se multiplient. Les animaux blessés ne participant pas efficacement à la chasse, le groupe ne capture plus de gros gibier et ne peut plus se nourrir. Il éclate au profit de plus petites entités, par exemple des couples, qui chassent individuellement du petit gibier.

Le chien n'a pas inventé la démocratie. Dès lors, si le groupe devient important, il faut une hiérarchie.

La hiérarchie assigne à chacun des droits et des devoirs

Les meutes de loups ou de chiens sont constituées d'individus ayant une certaine parenté, c'est-à-dire qu'ils ont une partie de leur génétique (et leur enfance) en commun. Si le dominant a le droit de manger en premier et de se reproduire, le dominé devra tout de même manger à sa faim. En cas de disette, le dominant sera privilégié et le dominé pourrait être sacrifié. Il n'aura pas à manger et devra se débrouiller seul. Cependant, la meute survivra et, avec ses membres les plus efficaces, son pool génétique survivra.

La hiérarchie semble injuste puisqu'elle donne aux dominants l'accès prioritaire aux ressources. Le dominé ressemble à un parent pauvre dont les besoins vitaux sont cependant satisfaits. Mais les choses sont plus complexes. En effet, il ne s'agit pas simplement d'un jeu entre dominants et dominés ; il y a aussi des places intermédiaires et il y a le respect des jeunes et des femelles. Un dominé diplomate pourra user de séduction et obtenir l'accès à certains privilèges, par exemple une meilleure nourriture, pour autant qu'il emploie tous les rituels d'apaisement. Il s'opère dès lors un partage des ressources vitales, des soins et des attentions, mais à la condition que chacun utilise les messages correspondant à son statut. Un chien dominé qui tenterait de s'approprier un morceau de viande du dominant n'y parviendrait qu'en adoptant les postures basses, la face lisse, les oreilles couchées, les yeux mi-clos. S'il tentait d'obtenir le même morceau de viande en roulant les épaules, il serait impitoyablement châtié. Il faut donc y mettre les formes. C'est pourquoi les moyens de communication s'avèrent fondamentaux.

Pour vivre en hiérarchie, il faut communiquer sans équivoque et sans erreur.

Les conditions préalables à la vie en hiérarchie

Pour vivre au sein d'une hiérarchie complexe comme l'est une meute ou une famille-meute – comme j'aime appeler ces systèmes recomposés constitués d'humains et de chiens – le chien doit :
- être très intelligent,
- communiquer clairement,
- être attaché aux membres du groupe.

Pour que la vie en hiérarchie soit paisible, il doit y avoir une bonne ambiance et de la bonne humeur dans le groupe, et un attachement réciproque entre les chiens du groupe. Cet attachement dépend d'une socialisation correcte et d'une forte sociabilité qui pousse les membres de la meute à se rechercher et à se toucher.

Qui dirige ?

L'observation montre que le système social du chien est un système plutôt patriarcal. La meute est dirigée par un mâle dominant. Cette hypothèse est très pratique pour expliquer pourquoi une femme a généralement moins d'autorité qu'un homme sur un chien mâle.

Si l'hypothèse du système patriarcal est partiellement valide, cela n'exclut pas que certaines meutes sont dirigées par des femelles. Il est même possible que le chien mâle soit suffisamment courtois (gentilhomme ou plutôt gentilchien !) pour accepter l'autorité de la femelle. Mais il est extrêmement peu courant de le voir adopter une posture de soumission devant elle. En cas de conflit ou de mauvaise humeur de la femelle, le mâle dominant la distraira en adoptant des postures de flirt ou des appels au jeu. Il ne se couchera pas à ses pieds, immobile et gorge tendue. La femelle dominante ne se soumettra pas au mâle dominant non plus. Si elle se couche sur le dos, ce sera pour flirter et non pour se soumettre.

Il existe aussi une autre hypothèse : l'existence de deux systèmes hiérarchiques dans la meute : celui des mâles et celui des femelles. Mais si cette hypothèse est intéressante pour faciliter la compréhension du fonctionnement d'une meute, dans de nombreux cas elle ne marche pas.

En outre, il faut ajouter la hiérarchie des couples et des alliances à l'intérieur de la meute. Un chien dominé peut obtenir un statut social et des privilèges en s'alliant avec un autre dominé ou, mieux, avec un dominant. Pour y arriver, il doit être intelligent.

Le chien soumis, le petit dernier d'un grand groupe, le chien oméga, sera généralement un chien sans caractère, peu intelligent, calme, peureux et qui ne mord pas. Ce chien est incapable de tuer sa propre proie. Il vit aux crochets des autres. En cas de disette, il sera sans doute sacrifié au profit des autres membres du groupe. En raison de ses déficiences génétiques, il sera éliminé lorsque les conditions de vie seront dures et contraignantes. Si les ressources dans l'environnement sont abondantes, il survivra grâce au groupe. Le chien oméga contribue très peu au bien-être de la meute, mais il fera un excellent chien de compagnie.

Hiérarchie linéaire et circulaire

Un système de hiérarchie circulaire existe rarement chez le chien. C'est le cas où A domine B, qui domine C, qui domine A. En voici la formule mathématique : $A > B > C > A$.

La logique et l'intelligence du chien voudraient que si A domine B et B domine C, alors A domine C. Et c'est le contraire que l'on observe parfois.

À quoi cela tient-il ? Mon hypothèse est que chaque chien a sa propre représentation de la hiérarchie et de l'importance des privilèges, et que ces représentations ne correspondent pas entre elles. Par exemple, au moment des repas, A pourrait posséder le privilège sur B, C étant indifférent à cette question. Pour le contrôle des passages et des lieux de couchage, ce pourrait être B sur C, A ne se préoccupant pas de ce sujet. Pour le contrôle des approches avec la maîtresse, C pourrait dominer A, B ignorant totalement cette situation. Ces chiens ont tour à tour un statut dominant en fonction des circonstances et peuvent préserver leurs privilèges grâce à une posture haute et à des rituels clairs respectés par les autres.

La meute

Dire que l'organisation sociale du chien est patriarcale et linéaire est désormais faux et simpliste, mais facile à utiliser pour faire une approximation sociale.

En somme, dans une meute structurée, il y a :
• un couple dominant,
• une hiérarchie relativement linéaire des mâles (patriarcale),
• une hiérarchie relativement linéaire des femelles (matriarcale),
• un groupe de chiots impubères qui mettent en place entre eux une forme de hiérarchie de privilèges d'accès à l'aliment et d'accès social.

Dans ces différentes sous-structures, il y a très peu de conflits hiérarchiques entre sexes opposés et avec les chiots, et les chiens impubères doivent utiliser des postures d'apaisement pour obtenir l'attention des adultes.

LA STRUCTURE DE LA MEUTE

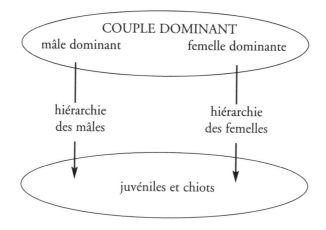

L'intelligence

Vivre en hiérarchie nécessite un haut degré d'intelligence

Encore tout récemment, on pensait que la hiérarchie résultait du combat de chaque membre du groupe contre chacun de ses congénères. Dans un groupe de 5 chiens, cela représenterait au moins 10 combats. Comme la force et l'humeur changent d'un jour à l'autre, ces duels devraient être répétés. En fin de compte, les chiens se battraient constamment. Or, dans une hiérarchie, les choses se passent différemment ; les combats sont rares.

Dès lors, il faut envisager d'autres modes d'apprentissage du statut social, par exemple en observant les conflits, les privilèges et les postures des autres membres du groupe.

Par conséquent, les chiens qui se battent sans arrêt dans une meute ou dans une famille, et qui sont sans arrêt agressifs :
- sont impulsifs et agissent avant de réfléchir (ils sont donc peu intelligents) ;
- ne comprennent pas le statut social des différents membres du groupe (parce que ce statut est flou) ;
- sont anxieux ou souffrent d'une pathologie de l'humeur (dépression).

Quelle intelligence ?

Un chien est intelligent lorsqu'il est capable de traiter des informations perçues, de les assembler, de les comparer, de réaliser des déductions et de faire des choix au moment d'agir. On parle aussi d'intelligence lorsque l'animal intègre la notion de concept.

Il y a différents degrés d'intelligence.

- Niveau 1 : couplage temporel et spatial.
- Niveau 2 : similitude et différence.
- Niveau 3 : appartenance et ordre : collection d'objets concrets, de classes, de concepts concrets.
- Niveau 4 : opérateurs logiques.
- Niveau 5 : remplacement d'un concept concret par un concept abstrait : langage, mensonge, etc.
- Niveau 6 : métaconcepts, c'est-à-dire concepts sur les concepts, comme la philosophie.

Le niveau 1 est de l'ordre du conditionnement. Le conditionnement, c'est l'association d'un comportement ou d'une émotion avec un stimulus extérieur. Un comportement devient alors automatique, réflexe. Le conditionnement peut affecter les opérations involontaires ou les actes volontaires.

J'ai discuté amplement de ces notions dans *L'éducation du chien* et dans *Mon chien est bien élevé*.

Le niveau 2 permet au chien d'identifier son espèce par rapport aux autres espèces, de reconnaître les partenaires de son groupe social et de différencier les membres du groupe et ceux qui n'en font pas partie.

Le niveau 3 est un niveau de reconnaissance plus élaboré. Le chien qui côtoie les personnes comme les enfants, les adolescents et les adultes, peut-il les classer dans un grand groupe appelé « espèce humaine » ? Ce n'est pas toujours certain. Il crée des ensembles dans lesquels il classe des objets et des individus.

Le niveau 4 est celui de l'utilisation de formules mathématiques, de comparaisons. J'en parlerai plus loin.

L'intelligence du chien n'atteint pas le niveau 5, qui est le niveau du langage symbolique humain.

Les opérateurs logiques

En psychologie, on parle de raisonnement hypothético-déductif pour dire qu'un être vivant émet une hypothèse et qu'il fait des déductions. Le chien qui vit en hiérarchie doit être capable de :
- raisonnement transitif et de
- raisonnement disjonctif.

Le raisonnement transitif

Le raisonnement transitif utilise la formule : « si – alors ».

Par exemple, *si* je suis le chien A, que je domine B et que B domine C, *alors* je devrais pouvoir dominer C. C'est la relation mathématique « supérieur à » ou « dominant sur » : A > B > C.

De même, *si* je suis le chien C, que j'ai perdu un conflit face à B et que j'ai vu B se soumettre à A, *alors* j'en conclus que je suis soumis à A. C'est la relation mathématique « inférieur à » ou « soumis à » : C < B < A.

Si le chien A est capable de raisonnement transitif, il ne doit pas attaquer C pour s'imposer à lui. De même, le chien C intelligent n'ira pas se mesurer à A. L'un et l'autre recourront à des postures et à des privilèges qui démontreront leur rang social.

Le raisonnement transitif permet une économie de combats dans un groupe hiérarchisé de chiens.

Prenons un autre exemple. Si je suis chien, et *si* on ne me donne pas le privilège d'avoir les caresses quand je les demande, *alors*, c'est que je suis dominé.

Un chien est capable de raisonnement transitif simple mais n'est pas capable de raisonner en chaînes longues. Au-delà de 3 ou 4 objets, il perd le fil. Si A > B > C > D > E, cela ne veut pas forcément dire que A > E. Il en est de même des raisonnements humains dans la vie de tous les jours.

Le raisonnement disjonctif

Le raisonnement disjonctif utilise les formules : « ni - ni », « soit - soit », « ou - ou ».

On pourrait envisager que le chien se dise « je ne suis ni dominant ni dominé, donc j'occupe une place intermédiaire », « je suis soit dominant, soit soumis », « ou bien le chien A est dominant par rapport à moi ou bien il m'est soumis ».

Par exemple, si je suis le chien C, que je ne mange ni avant A ni avant B, alors je suis peut-être dominé.

Le raisonnement disjonctif peut entraîner des problèmes d'interprétation du statut hiérarchique. Si un chien n'est ni dominant ni dominé, quel sera son statut ? Cette zone floue où le chien a tantôt des privilèges dominants, tantôt ne les a plus provoque de l'hésitation, donc de l'anxiété.

La représentation sociale

À partir des aptitudes innées, des conditionnements, des classifications, des capacités hypothético-déductives, le chien peut construire une image de l'organisation sociale de son groupe, de sa meute, de sa famille d'accueil. Cette représentation sociale inclut :
- une organisation sociale hiérarchisée ;
- une résolution ritualisée des conflits entre deux membres du groupe ;
- une reconnaissance des privilèges de certains membres du groupe ;
- des alliances et des coalitions avec certains membres ;
- des coopérations dans diverses activités ;
- des attachement privilégiés ; etc.

Cela signifie que tout chien dans un groupe doit être capable de :
• communiquer et de décoder la communication des autres membres
du groupe ;
• placer chaque membre du groupe dans un diagramme relationnel ;
• se situer lui-même par rapport à tous les autres ;
• respecter les règles établies par le groupe.

Le statut social change régulièrement. Il n'est pas fixé une fois pour toutes. Il peut même changer sans arrêt en fonction des allées et venues des autres membres du groupe. Si un chien est dominé en présence de son maître, il peut devenir dominant :
• en son absence ;
• en sa présence en cas de coalition avec sa compagne.

Ce ne sont que deux exemples. Je vous en exposerai d'autres lorsque je parlerai de l'intégration du chien dans la famille d'adoption, la famille-meute.

La représentation et la conscience de soi

Pour se situer par rapport aux autres dans une hiérarchie, il faut aussi se connaître soi-même, avoir une représentation correcte de soi. Celle-ci implique :
• une représentation de soi dans l'absolu ;
• une représentation de soi (relative) par rapport à autrui ;
• une représentation de soi (sociale) par rapport au groupe social.

Il n'est pas encore démontré qu'un chien, comme un chimpanzé ou un humain, puisse reconnaître son image dans un miroir. Mais la conscience de soi n'en est pas moins réelle chez lui, y compris la connaissance de ses limites corporelles et la gestion de son corps dans l'espace.

Sans doute le chien n'a-t-il pas conscience d'être conscient, de penser : il n'est pas philosophe !

Le chien se reconnaît comme un individu à part.

Le chien reconnaît son statut par rapport à chaque autre individu du groupe.

Le chien connaît le statut de chaque chien dans le groupe.

Le chien connaît le statut des alliances face aux individus, face aux autres alliances et coalitions dans un groupe.

Mais la conscience de soi du chien comporte une lacune sérieuse : l'absence de conscience de son gabarit. Le chien fait plus confiance à ses mimiques et à ses postures qu'à sa stature. Ainsi, un petit chien ne se gêne pas pour attaquer un chien plus de deux fois sa taille et sa masse, ce qui le conduit parfois à sa perte.

Les dispositions intentionnelles

Une des difficultés de l'étude de l'intelligence animale est de déterminer jusqu'à quel point l'animal a des croyances. Dennett, un chercheur en sciences cognitives, émet l'hypothèse des dispositions intentionnelles. Il faut admettre au préalable que l'animal ait des intentions, c'est-à-dire qu'il ait choisi une action. Avoir des intentions ne signifie pas que l'animal soit conscient de ses choix.

Ces dispositions sont classées par ordre croissant :
- ordre 0 : automatisme : « j'agis sans penser »…
- ordre 1 : décision en fonction d'un environnement précis : « je pense, j'agis intentionnellement »…
- ordre 2 : décision en fonction de la communication d'autrui : « je pense que tu penses », « je souhaite que tu croies telle chose »…
- ordre 3 : langage symbolique : « je pense que tu penses que je pense », « je souhaite que tu croies que je pense de cette façon », « je peux mentir »…

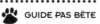

L'ordre 0 est le niveau d'intelligence le plus élémentaire : c'est le niveau du réflexe, de l'automatisme, de la réaction instinctive, de l'impulsivité, du conditionnement.

L'ordre 1 est le niveau de décision, de choix en fonction d'un environnement précis, d'interprétation, de statut hiérarchique après avoir constaté la façon d'obtenir des privilèges par les différents membres du groupe.

L'ordre 2 est le niveau de décision en fonction de la communication d'autrui, de ses postures, de ses mouvements d'intention (menace, jeu, rituel), de l'interprétation que l'on se fait de son humeur, de ses émotions, de sa façon d'être et de réagir.

L'ordre 3 est le niveau du langage symbolique, de la conscience, éventuellement du mensonge. C'est le niveau de la transmission, non seulement d'une information (connaissance) mais aussi d'une croyance. Dans notre étude de la hiérarchie, c'est la transmission d'une autorité morale : j'en impose parce que je crois que je suis plus fort (et donc que l'autre est plus faible ou dominé). C'est aussi le niveau de l'affirmation de soi (assertivité). « Je voudrais qu'il croie que je suis plus dominant que lui » pourrait être l'affirmation du chien qui en impose aux autres avec des postures hautes, des regards tendus et fixes, des marquages urinaires (en levant plus haut la patte) et en occupant les lieux de passage.

Les croyances et les superstitions animales

Les animaux ont-ils des croyances ?

Si je définis la croyance comme un état de représentation (distinct du désir) qui déclenche ou inhibe l'action comportementale, alors le chien a des croyances. Si l'animal a des intentions, alors il a des croyances.

L'animal est dit superstitieux dans le sens où il « se croit » acteur – et non spectateur – des événements qui se produisent. C'est tout le problème de la corrélation et de la cause. Si deux événements sont corrélatifs, y a-t-il pour autant une relation de cause à effet ?

Par exemple, si un promeneur passe devant un jardin ou réside un chien, il poursuivra sa route, quel que soit le comportement du chien. Ce n'est pas spécialement la même représentation qu'en aura le chien. Si le chien aboie parce que le promeneur s'approche de la propriété, l'intention du chien est de le maintenir à distance. Si le promeneur poursuit son chemin et s'éloigne de la propriété, le chien déduit que son comportement a été efficace.

Les croyances et la hiérarchie

Les croyances viennent compliquer le travail de décodage de « qui est qui » et « qui a quel statut » dans le groupe.

Si le chien A croit que manger avant et devant tout le monde est un privilège dominant et que le chien B croit que cela n'a aucune importance, mais qu'il croit en revanche que d'être à proximité de la maîtresse est plus important que tout pour obtenir un statut dominant, le chien A est dominant dans sa propre représentation et le chien B est dominant dans la sienne. Comment vont-ils se départager ? Seront-ils dominants tour à tour en fonction des circonstances ? Vont-ils se quereller sans arrêt, sauf quand ils seront tous les deux, sans la maîtresse et sans repas ? Sans doute, les propriétaires auront eux aussi leur propre idée sur le chien dominant et ils le favoriseront en lui donnant d'autres privilèges. Dès lors, ils seront inducteurs d'instabilité dans la hiérarchie.

La vision du monde

Parmi les croyances se trouve la vision du monde, qui est la façon dont chacun perçoit le monde. Cette vision du monde a une base génétique et se construit au cours de la croissance. La manière d'un chien de concevoir le monde est sûrement différente de celle d'un humain.

Reprenons cette idée de concept d'appartenance ou de classe. Le chien peut faire une différence entre les membres de son groupe social (sa meute, sa famille) et les non-membres. Ce sont deux classes. Il peut différencier les familiers (individus qu'il voit souvent, au club d'éducation, en promenade, les visiteurs habituels) et les non-familiers. Le chien peut ranger dans des classes différentes les petits individus qui courent (rats, souris), les petits individus qui courent et sautent (lapins), ceux qui courent, sautent et grimpent (chats, écureuils), ceux qui sautillent et s'envolent (oiseaux), ceux à plumes, ceux à poils, les individus sur deux jambes (humains), sur trois jambes (humains avec canne), sur deux roues (vélos), sur deux roues bruyantes (cyclomoteur), les véhicules de diverses catégories, les choses qui se mangent et celles qui ne se mangent pas (les amis, les individus avec lesquels il a été socialisé), etc. Plus le chien est intelligent, plus il connaît de classes et de concepts concrets différents. C'est important pour la vie en hiérarchie. Pour dominer ou se soumettre, il faut reconnaître l'autre individu comme un individu faisant partie du même système social : il faut y être socialisé. Ce processus fondamental a lieu entre 3 semaines et 3 à 4 mois. Le processus inverse de désocialisation peut se passer à la puberté.

Qu'en est-il de la hiérarchisation du chien et du chat ? Le chat est-il dominant sur le chien ? Le chat ne vit pas en hiérarchie et donc ne se préoccupe pas de cette notion fondamentale pour le chien. Le chat a de nombreux privilèges, comme monter sur les tables et les armoires, manger quand il veut, être caressé à la demande, prendre des postures hautes. Il serait donc dominant. Mais il est aussi un sujet en mouvement rapide, déclenchant le comportement de poursuite. Le chat envoie un double message au chien : je suis une proie et je suis dominant. Pas étonnant que de nombreux chiens se sentent perdus !

La hiérarchisation d'un enfant

La conception de la place de l'enfant (humain) dans l'organisation sociale de la famille-meute varie d'un chien à l'autre, en fonction de ses croyances et de sa vision du monde.

Une socialisation correcte au monde de l'enfant – c'est-à-dire aux nourrissons, aux enfants de 7 mois qui marchent à quatre pattes, aux enfants de 12 mois qui se tiennent en équilibre instable sur leurs deux jambes, aux enfants de 2 ans qui font leur première crise d'identification et de refus de l'autorité parentale, aux enfants en âge d'école maternelle (5 à 6 ans), et en âge d'école primaire (6 à 12 ans) – va intégrer ces enfants dans l'organisation sociale en tant qu'éléments non hiérarchisés mais intouchables parce qu'ils sont des émanations du couple dominant.

Une socialisation incorrecte au monde de l'enfant entraînera un manque d'intégration des enfants dans la hiérarchie (avec d'éventuels comportements de prédation) ou une intégration imparfaite et fragmentaire : l'animal considère, par exemple, qu'en présence des dominants les enfants sont intouchables (coalition de l'enfant avec les parents), mais qu'en absence des dominants, ils doivent respecter les règles et se soumettre… à lui en respectant ses prérogatives.

L'évaluation correcte de la dangerosité d'un chien en présence d'enfants en bas âge est un problème très délicat.

Un sujet complexe

La vie du chien en hiérarchie nécessite un certain niveau d'intelligence. C'est désormais chose entendue.

Plus le chien est inintelligent (pour ne pas dire bête ou stupide), plus l'analyse de la hiérarchie est simple. On pourra se limiter à quelques postures et quelques privilèges ou encore plus simple, au résultat des combats et des conflits.

Plus le chien est intelligent, plus l'analyse de la hiérarchie est complexe. On devra envisager sa vision du monde, ses croyances et ses capacités à manipuler l'information.

Génétique de la dominance

Ce court chapitre est important pour :
- les éleveurs, qui cherchent à développer des lignées de chiens plus aptes à la vie en famille et « meilleurs citoyens » ;
- les thérapeutes qui désirent déterminer, dans un problème de dominance et de relation sociale, quels sont les facteurs changeables et les facteurs non modifiables comme les éléments génétiques ;
- les lecteurs qui tentent de déterminer leur responsabilité dans le développement d'un problème relationnel.

La question : « Y a-t-il une héritabilité de la dominance ? » a fait couler beaucoup d'encre et est encore le sujet d'articles scientifiques. Réfléchissons ensemble. S'il y avait une génétique de la dominance, il y aurait une génétique de la soumission, une génétique de la hiérarchie. Cela me semble impossible. On ne peut être dominant ou dominé qu'en *relation* avec quelqu'un d'autre. Il n'y a pas de génétique de la relation. Si A domine B dans un groupe, il peut être dominé par C dans un autre groupe. Il est impossible d'être dominant tout seul.

S'il n'y a pas de génétique de la relation, cela ne signifie pas que la génétique soit sans influence *sur* la relation, chaque partenaire d'une relation possédant sa propre génétique inscrite dans ses chromosomes.

Aucun comportement n'est déterminé totalement par la génétique. Celle-ci a plus d'influence sur des tempéraments, des humeurs, des émotions, que sur des comportements. Il peut par exemple y avoir une génétique de l'impulsivité (et cependant nous avons vu que l'impulsivité est aussi sous l'influence de l'éducation au contrôle de soi).

On sait que :
- la génétique influence les comportements à raison de 30 % en moyenne, parfois même à raison de 50 % ;
- plus on avance en âge, plus l'influence génétique se fait sentir. Le chien adulte ressemble plus à ses parents que l'adolescent et celui-ci ressemble plus à ses parents qu'un chiot de 3 mois ; par ailleurs certains traits liés à la génétique s'expriment seulement à partir de la puberté ou de l'âge adulte ; c'est le cas pour certaines formes d'agressivité envers les gens ou les chiens ;
- la génétique influence indirectement l'environnement de vie : l'hérédité modifie le tempérament d'un individu qui, lui-même, agit sur son environnement.

Un chiot d'une famille de chiens impulsifs aura tendance à être impulsif, voire agressif. Il échappera plus aisément qu'un chiot normal à l'influence éducative de sa mère ou d'un autre chien adulte. Échappant à cette éducation canine, il apprendra moins à se contrôler, à adopter les postures de soumission. Étant dans un milieu où les jeux de bagarre sont fréquents, il apprendra à tolérer la douleur plus facilement qu'un autre. Il aura donc appris dès l'âge de 3 mois qu'il peut être agressif, que le jeu tient plus du combat que de la diplomatie, que le contrôle de la morsure n'est pas une nécessité vitale. C'est avec ce bagage qu'il entrera dans une famille d'adoption. Il y reproduira ses propres comportements. S'il n'a pas devant lui des maîtres compétents, il obtiendra rapidement des privilèges de chien dominant et il aura les compétences pour les conserver à coups de dents. Il est dominant, mais sa génétique et son environnement éducatif sont ceux d'un chien impulsif.

Pour vous ce ne sont peut-être que jeux de mots : il n'y a pas de génétique de la dominance, mais il y a une génétique de l'impulsivité et l'impulsivité peut entraîner, dans certaines circonstances, des problèmes de dominance. Personnellement, j'aime faire cette différence entre une cause (l'impulsivité) et le résultat (la dominance). Cette précision est importante dans le discours logique et scientifique.

La famille-meute

Étudier une meute de chien est une chose malaisée. Étudier l'insertion d'un chien dans une famille humaine est encore plus complexe. Les groupes humains créent leurs propres règles, en plus de suivre leurs organisations culturelles. Et c'est parfois à l'origine de bien des problèmes. Si nous voulons résoudre les problèmes de hiérarchie, nous devons les comprendre et pour cela nous ne pouvons pas échapper à l'analyse de la structure familiale.

Le chien est assujetti aux règles familiales

En général, on n'adopte pas un chien pour le soumettre, mais plutôt pour le câliner. Et je ne m'étendrai pas ici sur les multiples raisons d'adopter un chien, qu'elles soient affectives, culturelles, émotionnelles ou thérapeutiques. Les nombreuses raisons logiques et irrationnelles de l'adoption d'un chien nous importent peu dans ce livre. Ce qui m'intéresse, c'est que le chien devient un compagnon au quotidien, un membre du système familial, à défaut de devenir un membre de la famille tout court, un « enfant avec de la fourrure » jouant un rôle affectif sans équivoque. Ce chien, intégré au système familial, est soumis aux règles de ce système mais aussi aux règles de son hérédité.

Toutes les familles humaines ne sont pas structurées comme des meutes de chiens. Et toutes les personnes n'ont pas le désir de s'imposer ou de vivre dans une structure rigide et autoritaire. L'être humain a inventé la démocratie ; c'est non seulement utile pour gouverner les pays mais aussi pour organiser des familles.

Une autre question que l'on devra se poser sera aussi de déterminer à quel point le chien peut s'adapter à une structure familiale qui diffère de la structure d'une meute et, aussi, à quel point la structure d'une famille humaine peut s'adapter aux exigences hiérarchiques d'un chien. S'il n'y avait pas d'adaptation possible, il n'y aurait pas de solution aux problèmes de hiérarchie. Et même si c'est le travail quotidien des spécialistes en comportement de déterminer des solutions, je vous propose, si le cœur vous en dit, d'analyser avec moi quelques structures de familles. Si vous le préférez, vous pouvez aussi survoler ce chapitre ou consulter un vétérinaire comportementaliste et passer directement aux chapitres suivants.

Une société autoritaire

Le chien n'est pas programmé pour s'intégrer naturellement dans les différentes sociétés humaines. Quand je parle de programmation, je veux simplement parler de son bagage génétique et inné, y compris l'éducation reçue dans une meute. Cependant, 15 000 ans de coexistence démontre que ce n'est pas au-dessus de ses capacités, ni des nôtres.

Les humains s'organisent en sociétés dissemblables : patriarcale, matriarcale, égalitaire, démocratique, totalitaire, chaotique, etc. Le chien est programmé pour vivre dans une société plutôt autoritaire, plutôt patriarcale. Il a cependant une grande capacité d'adaptation et, comme je l'ai expliqué dans *L'éducation du chien* et dans *Mon jeune chien a des problèmes,* il peut *s'imprégner* à plusieurs espèces, particulièrement dans son jeune âge (période de socialisation, entre 3 semaines et 3 mois). Il peut développer avec l'homme des liens d'attachement. Son haut niveau d'intelligence lui permet de comprendre bien des messages humains, surtout les messages émotionnels et sociaux.

Nous savons aussi que le chien est un maître en messages comme celui-ci : A envoie un message à B en présence de C. C'est un message très utilisé dans la hiérarchie des coalitions. Tout cela nous l'avons vu auparavant. Précisons ce type de message dans un exemple au sein d'une famille humaine : le chien mâle fait la cour à sa propriétaire en présence du mari. Cette simple interaction très fréquente dans laquelle le chien se rapproche de madame, se frotte à elle, l'invite à jouer, tout cela alors que monsieur essaie de raconter à son épouse ce qui s'est passé pendant sa journée de travail, a de fortes influences sur le statut hiérarchique de tous les intervenants. Le couple chien-femme devient temporairement dominant et monsieur régresse en statut. Ce statut il peut le récupérer à tout moment s'il prend les postures hautes, s'il récupère le privilège d'être seul à s'approcher de sa femme quand lui le veut, s'il mange avant son chien et en présence de son chien qui assiste à son repas sans y participer, etc.

C'est un peu comme si chacun comptait inconsciemment des « points » de dominance reçus, perdus, pris, gagnés par conflit, au jour le jour. Lorsque la somme des points gagnés par le chien dépasse celle de l'homme, on peut assister à un basculement de la hiérarchie.

Imaginons quelques situations réelles. Je vous propose de passer d'une situation simple à une situation de plus en plus complexe.

Une hiérarchie à trois

Imaginons un trio, avec un couple (un homme et une femme) et un chien mâle. Pourquoi un chien mâle ? Le problème de dominance est plus fréquent avec le chien mâle qu'avec la chienne. Voici donc la situation traditionnelle la plus simple.

Désignons l'homme par H, la femme par F et le chien par C.

La situation idéale est définie par un triangle où l'homme et la femme forment un couple dominant et où le chien est dominé : $(H + F) > C$

```
┌─────────┐
│   H-F   │
│    C    │
└─────────┘
```

C-F H			

La situation dans laquelle le chien forme un couple dominant avec sa maîtresse (inversion de hiérarchie) est assez
fréquente. Cette structure est très stable et dès lors très
complexe à résoudre : (C + F) > H.

Le maître est marginalisé par le couple chien-femme. Il y
a un risque accru d'agression du chien quand monsieur
s'approche de madame. Mais s'il reste à distance, la
situation sera stable.

H-F-C			

La situation dans laquelle tout le monde est au même niveau
de dominance (égalitaire) est très instable : HFC.
Cette situation entraînera des conflits entre H et C de préfé-
rence (deux challengers de même sexe), parfois entre C et F,
souvent entre H et F. Cette situation se résout assez bien.

H	C	F	F
F	H	C	H
C	F	H	C

La situation de hiérarchie linéaire existe mais n'est guère à
souhaiter pour quiconque : H > F > C, C > H > F,
F > C > H, F > H > C

	H		
	C-F		

La situation de triangle inversé H > CF est instable et a tendance à devenir CF > H. En effet, généralement, la coalition
est plus forte qu'un individu isolé.

	H-C		
	F		

La situation de coalition entre le chien et l'homme contre la
femme est rare mais HC > F. Cette situation est… insupportable. Il s'agit de cas dans lesquels il faut soupçonner une
maltraitance de la femme par son partenaire, avec le chien
comme outil de maltraitance.

H | -F C	C | -F H		

Dans certains cas, on dirait qu'un des membres sert d'observateur externe (sans intervenir dans les relations, interactions
ou conflits éventuels) : (H > C) F, (C > H) F.

Cette situation ne pose aucun problème, aucune nuisance.
La hiérarchie s'établit entre deux individus seulement.

Les deux situations suivantes : (H > F) C, (F > H) C sont des problèmes de système qui ne sont pas présentés aux vétérinaires comportementalistes en clinique. Le chien est observateur d'un conflit entre les membres du couple humain.

Parfois, le chien produira un symptôme, une nuisance (comme de l'anxiété), et l'homme et la femme seront d'accord sur ce problème, ils seront en entente et pourront demander la résolution de ce problème à un(e) vétérinaire comportementaliste. À la résolution de ce problème, le couple reprendra ses conflits interpersonnels.

H	F
|-C	|-C
F	H

Ce sont des exemples simples avec trois individus. Que se passe-t-il lorsqu'il y a quatre individus, cinq, six, sept, etc. ? C'est un travail pour le spécialiste en médecine vétérinaire comportementale ou pour un thérapeute familial.

Une hiérarchie dans une famille complexe

Lorsque la famille compte plus qu'un couple et un chien, on se trouve dans le domaine de la complexité où, parfois, il n'y a plus moyen de comprendre quoi que ce soit. En effet, au-delà du chiffre 7, il devient malaisé de comprendre mentalement une situation : 7 étant par exemple le nombre de relations réciproques dans un système. Or, dans un groupe de 4 individus, on a 4 fois 3, soit 12 relations unilatérales, soit 12 divisé par 2, soit 6 relations réciproques. Dans un groupe de 5 individus, on a 4 fois 5 divisé par 2, soit 10 relations réciproques. Mentalement, il nous est malaisé de comprendre ce qui se passe. On doit écrire les relations sur un papier et y réfléchir. C'est ce que nous allons faire.

Dans un système complexe, il est impératif de mettre de l'ordre, au moins un ordre que le chien est susceptible de comprendre. Par exemple, pour un couple (Ho, Fe) ayant 2 adolescents, un garçon (Ga) et une fille (Fa), une fille (Fi) de 9 ans et un couple de chiens, un mâle (Cm) et une femelle (Cf), voici quelques situations acceptables, supportables, fonctionnelles ou dysfonctionnelles. Par fonctionnalité, j'entends une situation à laquelle le chien peut s'adapter et dans laquelle il ne devrait pas y avoir de mauvaise interprétation hiérarchique ni de difficulté.

Dans ces exemples, chaque cadre correspond à une situation différente. La lecture verticale de ces tableaux indique la hiérarchie, les dominants étant au-dessus des dominés. Quand deux individus se situent au même niveau hiérarchique, ils sont placés sur la même ligne horizontale.

Fonctionnel
Ho-Fe
Ga-Fa
Fi-Cm-Cf

Dans ce premier cadre, l'organisation familiale est fonctionnelle. Le couple dominant est constitué par les parents, puis viennent les adolescents et enfin l'enfant non pubère et les chiens.

Fonctionnel
Ho-Fe
Ga
Cm-Fa
Fi-Cf

Cette situation est aussi fonctionnelle. Les deux chiens font couple avec des enfants, ce qui ne pose pas beaucoup de problèmes. Le couple entre la chienne et la fille de 9 ans est un couple de jeu, un couple d'amis. Dans le cas de la jeune fille adolescente, le chien mâle pourrait considérer cette relation comme quasi sexuelle et donc comme un privilège dominant, pour autant que ce point soit important pour le chien.

Fonctionnel
Ho-Fe
Ga-Cf
Cm-Fa
Fi

Cette situation est fort comparable à la précédente. Les deux chiens forment un couple avec les adolescents, qui ne sont pas considérés comme les individus dominants du système familial.

Dysfonctionnel
Ho-Cf
Cm-Fe
Ga-Fa
Fi

Lorsque l'homme et la femme forment chacun un couple avec un chien de sexe opposé, cela entraîne de sérieuses difficultés, non seulement entre conjoints et entre chiens, mais aussi entre les humains de même sexe. Le chien défend l'accès de madame à monsieur, la chienne défend l'accès de monsieur à madame.

Dysfonctionnel
Fe-Cm
Ho
Ga
Cf-Fa-Fi

Les situations familiales dans lesquelles l'homme a perdu son statut patriarcal causent le plus de perturbations. En effet, s'il y a un chien mâle dans la famille, et si le chien est un tant soit peu impulsif ou agressif, il deviendra aisément dominant.

La situation est très fréquente. Dans de nombreuses familles, la majorité du temps, l'homme travaille et est absent de la maison, laissant le chien mâle en compagnie de sa maîtresse. Même si madame ne le désire pas, il y a beaucoup de chances pour qu'une relation de complicité se développe entre elle et le chien.

Dysfonctionnel
Ga
Cm-Fe
Ho
Cf-Fa
Fi

Il y a des situations bizarres, qui ne relèvent plus de la médecine vétérinaire mais de la thérapie familiale. Dans l'exemple ci-dessus, le fils adolescent prend les décisions, le père est absent et la mère est en coalition avec le chien mâle. Dans cette situation, le chien mâle peut entrer en conflit autant avec le père qu'avec le fils.

Dans les situations dysfonctionnelles, le chien mâle va proposer des stratégies de conflit, des agressions compétitives, des gestions de l'espace, des marquages urinaires. Modifier son comportement ne sera possible qu'en changeant la hiérarchie qui caractérise le système. Pour cela, la participation de tous les membres de la famille est nécessaire.

Le chien organisé ou… désorganisé

Si le chien n'est pas intégré comme il le serait dans une meute, il va manquer de repères et son anxiété risque d'augmenter. Il sera donc instable. Il pourra émettre des comportements nuisibles, même s'il n'est pas dominant.

Il est essentiel que tous les membres de la famille soient en accord sur la façon d'éduquer le chien. Quand tout le monde est d'accord, la situation est claire pour le chien. Ce qui est clair est apaisant.

Si l'un dit « oui » et l'autre dit « non », la situation est floue et le chien ne sait pas comment se comporter. Peut-il aller sur les fauteuils ? « Oui », quand madame est seule avec lui, « non » quand son mari est présent, mais « oui » à nouveau si le mari est seul dans la maison avec le chien et encore « non » puis « oui » s'il y a des invités, car on n'ose pas crier contre le chien en leur présence. Le chien essayera de tirer le maximum de bénéfice de ce contexte versatile.

Hiérarchie linéaire et circulaire

On peut rencontrer des hiérarchies circulaires entre chiens et humains. Pour faire usage de l'humour habituel, on pourrait donner l'exemple suivant : l'homme domine son chien ; le chien n'obéit pas à madame, car il ne lui reconnaît pas d'autorité ; elle le laisse tout faire et fait faire ce qu'elle veut à son mari. C'est cocasse et ce n'est pas toujours dénué de vérité.

Dans ce cas, à nouveau, c'est la représentation de ce que c'est qu'être dominant qui est en cause. Chacun des partenaires de ce trio domine à sa façon, tour à tour, suivant les circonstances. Et chacun a raison. Et cela ne devrait pas poser de problème. Dans tous les couples modernes, chacun a ses rôles et le pouvoir de décision dans des secteurs qui sont répartis, tandis que d'autres sujets sont décidés par vote démocratique. Quand le chien s'en mêle et qu'il n'y a pas de nuisance, pourquoi s'en inquiéter ? C'est quand le chien lève la patte dans la maison, qu'il détruit lorsqu'il est seul ou agresse quand on veut lui reprendre la lingerie qu'il a volée que l'on fait appel à l'aide.

Communication

Étudier la hiérarchie, c'est étudier la structure de la famille et les communications au sein de cette structure. Je ne m'étends pas sur la totalité de la communication entre humains et chiens, et je ne donne que quelques informations pertinentes pour le développement des troubles de la hiérarchie. Voici deux éléments que je vais développer :
- l'excès de tolérance ;
- le double message contraire et le double lien.

La tolérance et le laisser-faire font partie des négligences éducatives qui favorisent les troubles de la hiérarchie. Le chien acquiert des privilèges de façon automatique, puisque les propriétaires le tolèrent. Ensuite, si le chien est tant soit peu agressif, il défendra les privilèges quand les propriétaires remettent cette situation en question, par exemple lorsqu'ils veulent faire obéir leur chien et que c'est contraire à ses dispositions du moment.

Si la communication était limpide, claire comme du cristal, il n'y aurait que peu de problèmes. Entre chiens, cela se passe plutôt bien. Les messages associent des postures, des rituels, des odeurs, des sonorités. Mais entre humains et chiens, ce n'est pas si évident.

Le double message contraire est l'émission simultanée ou successive de deux messages contraires. Il oblige l'animal à faire le choix d'un des deux messages pour obtenir une réponse adaptée à l'un, inadaptée forcément à l'autre communication. Par exemple, le propriétaire accède à la demande du chien d'être caressé, et à un autre moment, il le rejette. Le propriétaire peut laisser le chien monter sur un fauteuil puis le lui interdire. Le propriétaire peut caresser le chien (dominant) lorsqu'il le demande puis continuer à le caresser alors que le chien se raidit pour demander l'arrêt du contact (et il se fera mordre).

Le double message contraire peut être émis par deux personnes différentes. L'un dit oui, l'autre dit non. L'un donne à table à la demande du chien, l'autre pas. L'un laisse le chien sortir à sa requête, l'autre pas. L'un corrige le chien qui a uriné, l'autre prend le chien dans les bras et empêche la punition.

Le double message contraire est extrêmement fréquent dans les groupes humains-chien et témoigne d'une instabilité du cadre de vie imposé par les propriétaires (permission suivie d'interdiction et réciproquement), ainsi que d'un manque de compétence éducative. Qu'il soit émis par la même personne ou scindé entre deux personnes cohabitantes, il entraîne des instabilités de l'organisation sociale (hiérarchie) et des tendances anxieuses.

Le double lien est l'émission simultanée ou successive de deux messages contraires dans des registres différents. Qu'appelle-t-on registre différent ? Le comportement, l'émotion ou la cognition sont dans des registres différents. Le double lien oblige l'animal à faire le choix d'un des deux messages pour obtenir une réponse adaptée à un registre, inadaptée généralement à l'autre registre. L'exemple le plus courant est de rappeler son chien, qui ne vient pas, et d'essayer de l'amadouer, de le faire venir avec une voix douce et calme, alors qu'on bouillonne de colère à l'intérieur (ce que le chien perçoit très bien).

Le double lien témoigne d'un dysfonctionnement sérieux de l'émetteur du message (l'être humain, seul être intellectuellement capable de cette dissociation entre affectif et cognitif). Le double lien facilite les états anxieux.

Hiérarchie et apprentissage

Si l'on définit l'autorité comme la capacité de se faire obéir sans récompense ni contrainte, alors il est plus aisé d'avoir de l'autorité sur un chien lorsqu'il vous reconnaît un statut dominant. Le chien dominé obéira parce que c'est une obligation hiérarchique, parce qu'il n'a pas le privilège de pouvoir faire comme bon lui semble.

Pour avoir de l'autorité sur un chien, il faut vivre en hiérarchie avec lui. Cette capacité de se faire obéir d'un chien en raison de son statut ne vaut que pour les familiers dominant le chien, et plus particulièrement les hommes. Cela ne tient pas dans le cadre d'un éducateur externe peu connu. Ce dernier pourra se faire obéir par une posture dominante (message assertif), par la force et les réprimandes ou par des récompenses. Un éducateur externe à la famille peut obtenir un statut dominant de différentes manières.

- Par un travail répété avec le chien ; il devient alors familier.
- Par un conflit (musclé) duquel il sort gagnant, ou mieux à la suite de plusieurs conflits gagnés.
- Par une posture dominante et une certitude mentale de pouvoir dominer le chien en cas de conflit ; les messages volontaires et involontaires envoyés par l'éducateur sont alors assertifs et dominants.
- Parce qu'il rappelle au chien les figures dominantes connues et parce qu'il a une posture dominante.

Ce statut dominant ne tiendra généralement que dans le contexte du travail éducatif, c'est-à-dire le terrain d'éducation et les périodes consacrées à ce travail.

Désobéissance et dominance

Si on revient à la question de la relation entre désobéissance et dominance, on comprend maintenant mieux la confusion qui entoure toujours cette question. Si les deux ne sont pas synonymes, il peut néanmoins y avoir une corrélation. On ne peut cependant prendre un mot pour l'autre. Un chien peut désobéir parce qu'il a peur, parce qu'il est distrait, parce que l'éducateur est incompétent, parce que la technique est inadaptée, ou pour d'autres raisons.

Le statut du chien et la technique d'éducation

Le chien obéit par réponse à un système :
• d'autorité ;
• de contrainte, de correction, de punition (coercitif) ;
• de récompenses.

L'autorité dépend du statut dominant et de postures hautes de l'éducateur, membre de la famille. Si la personne est dominante, elle aura davantage d'autorité, et le chien obéira plus aisément. Si la personne est dominée, le chien n'a aucune raison d'obéir. Si elle veut faire obéir un chien dominant par la force et la contrainte, celui-ci risque de se rebeller. En revanche, si elle le gratifie, le chien se fera un plaisir d'obéir, mais ce jeu d'obéissance ne remet pas en question son statut de dominant.

Voici résumé dans un tableau quelques possibilités de réaction du chien aux demandes d'obéissance de l'éducateur (maître, ami, éducateur extérieur, vétérinaire). Le chien obéira ou non selon qu'il considère l'éducateur comme dominant, intermédiaire (challenger) ou dominé.

Technique éducative			
Éducateur	Autorité	Contrainte	Récompense
Dominant	Obéissance	Obéissance	Obéissance
Intermédiaire	Aléatoire	Challenge/fuite	Obéissance
Dominé	Impossible	Agression	Obéissance

Obtenir de son chien une obéissance n'est pas synonyme de dominance.

Le chiot dominant

« Mon chiot m'a mordu ; il est dominant ! »

« Quand je suis allé chez l'éleveur pour choisir mon chiot, dit ce propriétaire, j'ai eu l'occasion de voir la portée et l'un des six chiots est venu vers moi mordre mes lacets. On m'a dit que c'était le chef de portée, le dominant. »

Un chiot peut-il être dominant ?

D'après mes critères de diagnostic (voir p. 19), c'est peu vraisemblable.

Les conflits pour un os

Prétendre qu'un chiot de 3 ou 4 mois est dominant est une erreur fréquente. Un chiot de cet âge peut avoir vécu des conflits avec ses frères et sœurs pour un os et avoir gagné cet os à chaque conflit. Désormais, lors de la distribution des os, il peut se les approprier sans être importuné. Il a donc acquis un privilège qui le rend dominant sur ses frères et sœurs dans ce contexte précis. Cette hiérarchisation alimentaire est de :
• 25 % à l'âge de 5 semaines ;
• 50 % à l'âge de 11 semaines.

Ces chiffres ne disent pas que 50 % des chiots de 11 semaines gagnent le conflit pour un os. Ils révèlent simplement que 50 % des chiots de 11 semaines respectent un protocole qui est d'emporter l'os – ou laisser emporter l'os – sans conflit. Cela veut aussi dire que 50 % des chiots de 11 semaines se battent pour l'obtention d'un os.

La stabilité de la hiérarchisation entre chiots varie avec l'âge, la race, la combativité, l'impulsivité des chiots et l'intervention de la mère ou d'un autre chien adulte éducateur.

Mais le fait d'être hiérarchisé pour l'obtention d'un os ne transforme pas un chiot en individu dominant – sur vous – pas plus que cela n'annonce un chien dominant à l'âge adulte.

L'âge de la hiérarchisation alimentaire

C'est vers l'âge de 3 à 4 mois que les chiots, qui avaient jusque-là accès au repas de leur mère, apprennent qu'il y a une file d'attente pour le libre-service de la cantine. Et ils sont déjà obligés de se tenir à la fin de la file et d'attendre leur tour. Ils n'en ont pas envie et désirent prendre des aliments plus rapidement. Les adultes leur envoient des messages très clairs au moyen de postures hautes, de grognements, de claquements des dents. Les chiots apaisent les adultes avec des postures d'apaisement et de soumission, des postures basses. Plusieurs chiots apprennent ainsi à manipuler les postures pour s'approcher de l'aliment convoité. Les adultes respectent ce jeu en laissant croire aux chiots qu'ils se sont fait avoir.

La hiérarchisation alimentaire commence après le sevrage et se termine vers l'âge de 5 mois. Ensuite, il faudra attendre la puberté pour voir apparaître la hiérarchisation complète faisant appel à un ensemble de messages complexes.

La hiérarchisation comporte donc deux phases : la hiérarchisation alimentaire qui intervient entre le sevrage et la période prépubertaire, et la hiérarchisation complète qui s'installe à partir de la puberté.

L'organisation de la portée des chiots

Une fois que l'on a précisé l'importance relative de la hiérarchisation des chiots dans la compétition pour un os, on peut aller plus loin et se demander si le privilège obtenu dans cette dispute s'étend à d'autres secteurs d'activités.

L'observation montre que plus la portée (lignée, race) est « agressive », plus la hiérarchisation est linéaire.

Tous les chiots correctement socialisés à l'homme accourent vers une personne qui entre dans leur aire (box, cage, etc.). Les chiots les plus intrépides sont généralement les plus agressifs. Ils refoulent les plus soumis et les empêchent d'accéder aux personnes. Ils ont une prérogative, celle de contrôler l'accès social.

Dès lors, choisir un chiot intrépide (au détriment d'un chiot qui reste en fond de cage, sous l'hypothèse qu'il n'est pas socialisé aux gens) risque de favoriser la sélection d'un chiot plus agressif envers ses congénères.

Une hiérarchie chez les chiots ?

Si la portée des chiots ou si plusieurs chiots d'origines diverses forment une organisation dans laquelle certains individus ont des prérogatives alimentaires et sociales, alors on peut parler de mini-hiérarchie. Cette hiérarchie reste cependant distincte de celle de la meute ou de la famille parce que le chiot perd ses privilèges face aux adultes. Il a tendance à essayer de les conserver, mais l'adulte le remet en place immédiatement en l'éduquant à prendre les postures de soumission adéquates.

L'éducation à la posture de soumission

C'est un apprentissage en deux étapes.

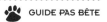

Pour la première étape, il faut avant tout remonter loin dans l'enfance du chiot nourrisson. Le chiot nouveau-né ne peut excréter s'il n'y a pas de stimulation du périnée, de l'entrejambe. C'est ce que la mère fait en donnant de grands coups de langue. Ainsi toiletté, le nouveau-né se met en position couchée sur le dos quasi systématiquement, immobile, les pattes écartées. Et cela devient ultérieurement la position de soumission du chiot face à un adulte, et la position de soumission d'un dominé face à un dominant lors d'un combat.

C'est pourquoi cette posture est si répandue chez les chiens de toutes races. On a longtemps pensé qu'il s'agissait d'une posture innée. Il n'en est rien. C'est une posture apprise, développée comme un rituel, à partir d'une posture naturelle de maternage.

La deuxième étape se déroule après l'âge de 5 semaines quand la chienne apprend à ses chiots à s'immobiliser et à contrôler leurs mouvements. Voyons comment elle s'y prend.

Les chiots se poursuivent l'un l'autre, gambadent, crient, gesticulent et courent en tous sens. À un moment qu'elle juge opportun, la mère choisit un chiot, le poursuit, vient sur lui et semble l'attaquer. Gueule ouverte, elle saisit la tête entière du chiot ou une partie de son crâne, le happe par le cou ou les oreilles, le pince. Le chiot hurle, pousse un « kaï » retentissant et s'immobilise quelques secondes. La mère relâche son rejeton qui s'ébroue et réintègre le jeu. Elle répète le même acte éducatif dans les quelques secondes qui suivent ou plus tard dans la journée. Progressivement, elle provoque chez le chiot un arrêt du jeu, l'adoption d'une position couchée (sur le ventre) inhibée de plus en plus longue et qui atteindra finalement plus de 30 secondes à une minute.

L'apparente violence de cette manipulation est contredite par l'attrait du chiot pour sa mère. Après le « kaï » et l'immobilisation, le chiot se lance à sa poursuite. Cette technique éducative n'engendre aucune peur, parce que la mère joue et n'y met aucune agressivité. Sous la contrainte, le chiot s'immobilise. Il se couche sur le sol. Dès qu'il est immobile, elle arrête de le taquiner. Le chiot apprend de cette façon non seulement comment apaiser sa mère, mais aussi comment apaiser d'autres chiens adultes ou des humains, et arrêter un conflit.

Utiliser la posture de soumission, une posture apaisante lors d'un conflit, est une nécessité pour vivre dans un groupe social.

Le chiot délinquant

On peut considérer comme délinquant le chiot qui n'a pas appris à communiquer avec la posture de soumission et à contrôler ses mouvements. À la limite, il aura acquis une personnalité antisociale, dans le sens psychiatrique du terme. Ne comprenant pas les règles de la hiérarchie, il ne les respecte pas. Il risque d'acquérir très rapidement des prérogatives réservées au dominant, mais sera-t-il dominant pour autant ? Non, car il se situe plutôt en dehors de la hiérarchie et le dominant respecte les règles de la hiérarchie.

Le chiot délinquant peut faire penser à un petit chien dominant, généralement agressif. Ayant acquis de nombreuses prérogatives, il les défend à coup de dents.

Pour en savoir davantage, lire les deux chapitres consacrés au chien délinquant dans *Mon jeune chien a des problèmes*.

Le rôle des humains

En l'absence de la mère ou d'un autre chien éducateur, l'éleveur et l'acquéreur doivent prendre le relais dans l'éducation du chiot et apprendre au chiot à se contrôler. Pour cela, quand le chiot est turbulent, agité, impatient, désobéissant, etc., ils doivent :
- forcer le chiot à s'arrêter, le saisir au niveau de la face, de la tête ou du cou, le forcer à se coucher, rester au-dessus de lui jusqu'à ce qu'il se soit calmé, qu'il ne se débatte plus et enfin le relâcher. Il est interdit de se mettre en colère, de crier, de frapper.

Un chiot qui n'a pas appris l'autocontrôle risque de devenir un chien adolescent ou adulte hyperactif, de bousculer et de faire tomber les gens, de se frapper la tête contre un obstacle, de bouger sans arrêt jusqu'à tomber de fatigue et de se remettre à jouer au moindre stimulus.

Pour en savoir davantage, lire les deux chapitres consacrés au chien hyperactif dans *Mon jeune chien a des problèmes*.

Un chiot peut-il être dominant ?

La notion de dominance est toute relative. Dans une hiérarchie de chiots, il peut y avoir un chiot dominant. Mais si nous parlons de hiérarchie de la meute ou de la famille, ce n'est pas possible. Si un chiot paraît dominant dans une famille, c'est qu'il est probablement hyperactif ou délinquant, ou encore un chiot anxieux agressif.

La puberté ou l'entrée dans la hiérarchie

La puberté, une période de crise

La puberté est une période de bouleversement hormonal, de métamorphose corporelle et comportementale, de changements d'humeur et d'induction de nouveaux modes de communication. C'est une période critique. Le chien acquiert un rôle dans le groupe social et tend à se distancier des étrangers. Il en résulte :
- dans le groupe : un détachement par rapport à la mère, un attachement au groupe, une hiérarchisation obligatoire et des conflits ;
- hors du groupe : une défense du groupe et de son territoire.

Les modifications comportementales

Voici le programme des modifications comportementales du chien adolescent au moment de la crise pubertaire.
- Le lever de patte.
- L'induction de nouvelles communications.
- L'intégration dans la hiérarchie.
- Le détachement par rapport à la mère.
- L'adoption d'un rôle social hiérarchisé.
- L'attachement et l'appartenance au groupe.
- La distanciation par rapport aux étrangers.
- La défense du territoire.

Les personnes qui vivent avec un chien adolescent devront respecter deux critères :
- un rôle social hiérarchique ;
- une obligation de distanciation.

La puberté est une métamorphose

C'est à la puberté que les glandes sexuelles se mettent à produire des hormones qui modifient :
- l'aspect physique des chiens : stature, résistance musculaire, développement des organes sexuels externes ;
- le métabolisme : création de protéines, réduction de la transformation des sucres en graisses ;
- la chimie cérébrale : diminution de l'autorégulation des transmissions chimiques des neurones, contrôlant notamment l'agressivité, l'anticipation et la motricité ;
- la production d'odeurs sociales appelées phéromones dans les sécrétions cutanées et les excrétions ;
- le comportement des adolescents et les réponses comportementales des adultes.

La puberté est une métamorphose en profondeur. La production des hormones sexuelles entraîne des changements corporels et des modifications sur le plan du comportement, dont le plus visible est le « lever de patte » chez le chien mâle.

La puberté est une période sensible

Après la période de socialisation entre l'âge de 3 semaines et celui de 3 à 4 mois, la puberté est une nouvelle période sensible. Le chiot entré dans l'adolescence doit subir une initiation, constituée de deux éléments de base.

- Le détachement des adolescents par rapport à la mère particulièrement et aux autres adultes, c'est-à-dire l'acquisition de l'autonomie. L'attachement au groupe évite l'infantilisme et l'anxiété de séparation.
- La hiérarchisation. C'est l'entrée dans la hiérarchie des adultes avec le respect des règles qui s'y rattachent et la production des messages appropriés. Toute tentative d'expression de sexualité, de contrôle de passage ou d'alimentation prioritaire est sévèrement punie par les adultes.

La puberté étant une période de crise, une consultation vétérinaire est recommandée afin de dresser un bilan comportemental et de prévenir de nombreuses difficultés de relation.

Le lever de patte signe la puberté

Le lever de patte annonce l'activité des hormones sexuelles. Le chiot s'accroupissait pour uriner. À la puberté, il reste en position debout et lève une patte arrière, d'abord timidement, puis de plus en plus franchement. En même temps, il recherche un support sur lequel uriner : une touffe d'herbe, un poteau ou même un meuble.

Il est faux de croire que seuls les mâles lèvent la patte. Les femelles le font aussi, particulièrement lors des chaleurs (œstrus).

Le lever de patte est un rituel complexe qui associe une communication :
- chimique : marque odorante, phéromones ;
- visuelle posturale : hauteur du lever de patte et exposition des organes génitaux ;
- visuelle rituelle : expression d'irritation, menace avant un combat, rituel dominant après un combat gagné, réprobation lors d'absence des individus dont le chien estime devoir contrôler les allées et venues, etc.

La marque sera renouvelée. Elle a une valeur de carte d'identité et fournit des informations tant sur le niveau hiérarchique de l'émetteur que sur la réceptivité sexuelle. Ce comportement se retrouve particuliè-rement chez les dominants en présence de challengers de la même famille-meute ou d'étrangers (de la même espèce) au groupe.

La période des chaleurs

Chez la femelle, c'est l'apparition des pertes de sang durant les cha-leurs (œstrus ou période de réceptivité sexuelle) qui signe le début de la puberté et l'entrée dans le monde de la fertilité et de la reproduction. À ce moment-là, la femelle peut également réaliser un lever de patte. Généralement, le déhanchement est moindre que chez le mâle.

Les nouveaux prétendants

La puberté s'accompagne de la production de phéromones tant chez les mâles que chez les femelles. Or, dans la meute, seuls les dominants ont le droit de se reproduire. C'est un de leurs privilèges. La production de phéromones par les jeunes adolescents signale aux dominants la pré-sence de nouveaux challengers dans le groupe. Les dominants interdi-ront aux adolescents l'accès à la sexualité (flirt et relations sexuelles). Ceux-ci se laisseront-ils faire ?

La production de phéromones, sous l'influence des hormones sexuel-les sécrétées à l'adolescence, entraîne des réactions d'attrait et d'opposi-tion au sein du groupe.

- Attrait : les phéromones des chiennes en chaleur activent le désir sexuel chez les chiens mâles. Réciproquement, les phéromones des mâles attirent les chiennes en chaleur.
- Opposition : les phéromones sexuelles activent la compétition entre les congénères du même sexe. La production de phéromones chez l'adolescent apparaît comme une provocation pour les dominants. Dès qu'un chien dominant sent la montée du désir sexuel chez un adolescent, il réagit violemment. Le jeune est expulsé du groupe,

maintenu à distance des éventuels partenaires sexuels, et sa sexualité doit être inhibée. Le dominant devient exhibitionniste et exprime ses prérogatives devant le groupe.

Les jeunes s'adaptent douloureusement à ces nouvelles réactions des adultes. C'est la crise de l'adolescence. Il s'agit donc d'un conflit des générations. Il aboutit à une clarification des rôles et des prérogatives de chacun dans le groupe et contribue à la stabilisation de la hiérarchie.

La marginalisation des adolescents

Le couple dominant refoule les adolescents. En fait, le mâle dominant s'occupe de tenir les adolescents mâles loin de la femelle dominante ou de toutes les femelles en chaleur, et la femelle dominante tient les femelles adolescentes à distance du mâle dominant.

Les adolescents se retrouvent en marge du territoire du groupe, ils ne peuvent plus (comme les chiots) dormir avec les dominants, ils ne reçoivent plus de soins (caresses) à leur demande, ils doivent communiquer avec les rituels d'apaisement et de soumission, et la moindre tentative de flirt est réprimandée, voire punie sévèrement. L'adolescent subit un refoulement de ses désirs sexuels (une forme de castration psychique), il est écarté des zones sociales de valeur, des aires de couchage des dominants, et ne reçoit plus d'attentions amicales qu'après avoir exprimé sa soumission.

Le détachement par rapport à la mère

Le chien adolescent qui subit une marginalisation est privé du contact permanent avec les dominants, notamment du contact avec sa mère. Il s'en détache et acquiert enfin son autonomie.

La distanciation entamée à la période de socialisation (entre 3 semaines et 3 ou 4 mois) se poursuit pendant la période juvénile (entre 3 ou

4 mois et la puberté). Elle culmine à la période pubertaire pour aboutir enfin au détachement, à la rupture du « cordon ombilical » affectif qui lie la mère et son enfant.

Le rejet se passe d'abord au cours des jeux et des interactions affectives, pour s'étendre ensuite aux aires de couchage.

Le détachement exerce plusieurs fonctions dans la nature.

- Il empêche les relations sexuelles entre mère et fils, entre père et fille. Il évite donc l'inceste, la consanguinité et ses risques pour la survie du groupe.
- Il rend l'adolescent autonome, c'est-à-dire apte à se centrer sur lui-même pour explorer le monde avec plus de confiance.
- Il favorise l'attachement de l'adolescent au groupe social.

L'absence du respect de ce processus de détachement par les acquéreurs (humains) entraîne des troubles sérieux : hyperattachement, infantilisation, anxiété de séparation.

L'obligation de distanciation des humains

Les êtres d'attachement doivent susciter le détachement comme la chienne l'aurait fait. L'adoption d'un chiot s'assortit de cette obligation paradoxale. Les demandes du chien de compagnie adolescent doivent être rejetées. Les attentes de contact par le parent adoptif doivent être modifiées.

Que faire ?

- Interdire au chiot adolescent de suivre partout la personne d'attachement. Si nécessaire, cette interdiction doit être accompagnée d'une interaction physique comme l'aurait fait un chien adulte – une menace de morsure ou une morsure contrôlée dans la partie antérieure du corps – c'est-à-dire par un grognement de menace ou une claque retentissante. Que l'on ne se méprenne pas, toute violence est interdite ; je parle d'une claque éducative, surprenante, non dommageable, sans colère.

- Faire dormir le chiot adolescent dans un lieu sans valeur sociale dominante, sans valeur de contrôle de passage.
- Favoriser un attachement égal à tous les membres de la famille.

L'adoption d'un rôle social hiérarchisé

La montée hormonale, le désir sexuel, la production de phéromones et la réaction conséquente des adultes, ainsi que le détachement de la mère nécessitent une restructuration complète des relations. Cette restructuration n'est pas laissée au hasard. Dirigée par les dominants du groupe, elle est en continuité avec la hiérarchisation alimentaire de la période de socialisation et de la période juvénile. *Tout* est désormais soumis à une régulation hiérarchique :
- l'accès à la sexualité ;
- le contrôle de l'espace et des lieux de couchage ;
- les interactions sociales avec les autres membres du groupe ;
- les alliances avec les adultes ;
- les postures dans l'interaction avec les adultes.

Brusquement, presque du jour au lendemain, les règles sociales basculent. Si, auparavant, tout n'était pas permis, si le jeune chien devait s'approcher des dominants en prenant une posture d'apaisement, il pouvait encore dormir avec ses parents, chevaucher son père au cours des jeux… Désormais, tout cela est terminé. Les chevauchements par un adolescent (producteur de phéromones) prennent une valeur hiérarchique de dominance, le sommeil avec des dominants prend une signification de cour (flirt), le retroussement des babines est synonyme de provocation.

Chaque acte social de l'adolescent lance un double message.
- C'est du jeu, mais aussi du flirt.
- C'est une approche amicale, mais aussi un chevauchement intolérable.

- C'est un lever de patte timide, mais il contient des phéromones mâles de défi.

Les adultes veulent clarifier la communication. Il faut désormais que l'adolescent apprenne les rituels appropriés au *rôle* qu'il doit jouer dans le cadre « théâtral » fixé par les adultes. Il doit être dominé et se comporter comme tel.

L'implication hiérarchique des humains

Les êtres humains adultes et adolescents devraient jouer le rôle de dominant. L'adoption d'un chiot entraîne cette obligation paradoxale. Les demandes du chien de compagnie adolescent doivent être rejetées si elles ne sont pas accompagnées des postures d'apaisement. C'est à ce prix que le chien peut acquérir un statut hiérarchique équilibré. Un chiot adolescent n'a pas les compétences nécessaires pour être dominant. Cependant, il peut en manifester le désir.

Que faire face au chiot adolescent ?

La règle est de garder toutes les prérogatives pour soi et de les refuser au chien.

À faire	À ne pas faire
Prendre toutes les décisions.	Laisser le chien prendre les décisions.
Caresser le chien quand on l'a décidé.	Caresser le chien à sa demande.
Ne pas laisser le chien occuper le fauteuil du maître ou se coucher là où il faut l'enjamber pour passer.	Laisser le chien se coucher dans les places réservées aux personnes dominantes ou dans les lieux de contrôle des passages.

À faire	À ne pas faire
Être indifférent ou faire obéir le chien quand il provoque.	Tolérer la moindre provocation.
Mettre le chien dans une autre pièce quand il manifeste des comportements sexuels.	Accepter les manifestations sexuelles en public.

Si le propriétaire ne suit pas ces règles, le chien risque de postuler un statut social dominant et de ne plus respecter l'autorité de son maître. Le risque des agressions hiérarchiques s'accroît.

La puberté, période de rejet de l'inconnu

La puberté engendre d'autres phénomènes. En même temps que le chien s'installe dans la hiérarchie de la famille-meute, il rejette éventuellement les autres groupes sociaux. Chez tous les canidés, sauvages ou domestiques, du renard au loup en passant par le coyote et le chacal, on observe une période où s'installe une *méfiance des étrangers*. On constate que le chien perd une partie de ses capacités de socialisation. Il semble régresser. Il risque de perdre partiellement ou totalement la sociabilité acquise avant l'âge de 3 mois. C'est la *désocialisation*.

C'est pourquoi la période de la puberté est une période sensible et une période de sensibilisation. Le chien devient sensible à tout événement négatif, que ce soit une relation traumatisante avec une personne ou une expérience désagréable avec un bruit ou un stimulus urbain par exemple. Il en résulte des peurs et des phobies.

La vision du monde du chien adolescent

La vision du monde du chien adolescent peut basculer complètement. Je vous renvoie à la p. 53 pour la définition de ce concept.

Même si le chiot a été très bien socialisé entre 3 semaines et 3 ou 4 mois, sa vision du monde peut se modifier sous l'influence de facteurs génétiques à expression tardive et sous l'effet de traumatismes psychologiques mineurs. Dans des familles ou des lignées – quelle que soit la race, mais plus souvent dans les races de grand gabarit –, on retrouve un certain nombre d'individus qui deviennent craintifs ou agressifs en présence de stimuli étrangers à leur monde familier. Les chiens de lignée de défense ou de combat se désocialisent plus que d'autres.

Par exemple, le chiot qui s'entendait bien avec tous les chiens se met à agresser les chiens. Le chiot qui recherchait le contact des êtres humains se met à agresser des passants dans la rue. Le chiot qui se promenait partout sans crainte développe une phobie des véhicules bruyants. Toutes ces situations vécues sont des exemples de la désocialisation liée en fait à la sensibilisation de la période de la puberté. J'encourage les éleveurs à sélectionner les géniteurs qui n'ont pas cette tendance, ni chez eux ni dans leur ascendance et descendance.

Désocialisation et défense territoriale

Si le chien est attaché aux membres de son groupe et se désocialise des individus qu'il rencontre peu, c'est-à-dire ceux qui appartiennent à d'autres groupes, il est assez logique qu'il se mette à défendre son groupe contre les étrangers. C'est le processus qui sous-tend la défense territoriale. On pourrait appeler cela la *conscience de groupe*.

Un chien dominant a des droits, des privilèges et des devoirs. Parmi ses obligations se trouve celle de coordonner la défense du groupe et de contrôler les accès, les entrées et les sorties dans le territoire du groupe.

Désocialisation, sensibilisation et territorialisation sont combinées et se manifestent au même moment. Ce sont trois versions du même processus : l'édification d'une base de données dans la mémoire et la comparaison entre nouveautés et acquis.

Le dominant sympathique

Yucca est un adorable petit cavalier King Charles mâle de 9 mois. Il n'a jamais été agressif, mais il a des comportements sexuels très fréquents, quasi quotidiennement. De plus, il se met devant sa propriétaire et aboie pour l'entraîner dans des jeux, dans des interactions, dans des querelles vocales. Elle crie pour qu'il s'arrête, ce qui le fait aboyer davantage. En plus de cela, il ronge les meubles quand il est seul, il suit sa propriétaire partout dans la maison et a décidé, il y a deux mois, qu'il dormirait avec elle sur le lit. À force d'aboyer, il y est arrivé. Comment faire autrement ? Mécontenter les voisins parce que son chien aboie la nuit ? Non, c'est impossible. Le chien a gagné ce privilège. Et la nuit, vers 2 h du matin, il va uriner sur un tapis. Il monte et descend du lit plusieurs fois par nuit. Il est gentil mais la situation devient insupportable pour la propriétaire.

Un comportement sympathique

Certains chiens dominants sont gentils, on n'a vraiment rien à leur reprocher. Ils font ce qu'ils veulent, mais les propriétaires sont très tolérants et n'attendent pas de leur chien une obéissance parfaite. Le dominant sympathique obéit quand il veut bien, pour un biscuit, et ses maîtres n'en attendent pas plus. Parfois le chien grogne quand on le caresse et qu'il est étendu sur le divan. Mais tout le monde a bien le droit d'être de mauvaise humeur, non ? Les propriétaires le sont de temps en temps, alors pourquoi pas leur chien ? Le chien ne mange pas vite, il va et vient, court à la cuisine avec son maître, mais comme les propriétaires font la même chose, pourquoi y attacheraient-ils de l'importance ? Leur chien adore les enfants, les laisse tout faire, y compris lui tirer la queue et mettre leurs doigts dans ses oreilles. Les propriétaires ont toute confiance dans leur chien, mais avec les adolescents, ils se méfient quelque peu et le mettent dans le garage si des amis viennent accompagner d'ados. Le chien a grogné, mais sans plus ; il ne voulait pas être touché. Mais comme dans la famille, il n'y a pas d'adolescents, il n'y a pas de problème. Le chien n'est pas craintif, n'attaque pas les gens, se fait caresser chez tout le monde (les propriétaires sont un peu jaloux, mais enfin, ce n'est pas grave). Le seul problème, c'est qu'il agresse les autres chiens mâles. Encore une fois, le problème est mineur, car dans le quartier, il y a surtout des femelles et les autres chiens mâles sont promenés à d'autres heures et ont d'autres habitudes.

Chien d'aide

Les chiens d'aide pour aveugle, sourd ou handicapé physique doivent prendre des décisions et obéir. Ainsi, leur répertoire de codes et de commandes est très riche. C'est particulièrement le cas du chien pour aveugle qui guide et dirige son maître dans le labyrinthe des voies publiques. Éviter une bouche d'égout, traverser au feu vert, s'arrêter au bord des trottoirs et des obstacles en tout genre font partie de son travail quotidien. L'aveugle laisse à son chien toute l'autorité nécessaire pour choisir les bons trajets. Dans la maison également, le chien d'aide bénéficie de nombreux privilèges, mais il n'en abuse pas.

Ces chiens sont triés sur le volet et subissent de nombreux tests d'aptitude afin d'en faire de véritables collaborateurs. Parfois, ils sont dominants. Qu'importe, ils ne posent pas de problèmes pour autant. Ce sont des chiens d'exception.

Le dominant agressif

Djinn est un petit Jack Russell terrier mâle de 3 ans. Quand son maître se lève pour aller chercher une bière dans le réfrigérateur, Djinn « squatte » son fauteuil et il est impossible de l'en déplacer. Son propriétaire a essayé, et s'est fait mordre. Ce n'est pas tout. Il agresse les visiteurs quand ils quittent la maison et mord le bas des pantalons. Un jour, il a mordu le mollet d'une dame. À l'arrivée des visiteurs, on le met à l'écart pour éviter les problèmes. Inutile de vous dire qu'il est impossible de lui soigner les oreilles ou les yeux. Quant à lui brosser les dents, cela fait longtemps que les propriétaires ont abandonné. Quand les chiennes sont en chaleur et quand sa propriétaire a ses règles, il dépose des gouttes d'urine sur le pied de la table de la salle à manger. À part cela, c'est le chien le plus charmant du monde. Il est très attachant, il suit sa maîtresse partout dans la maison, y compris dans la salle de bain. Il ne dort pas sur le lit (madame ne veut pas pour des questions d'hygiène), mais il fait la garde devant la porte de la chambre.

Les comportements d'agression

Ce guide est consacré à la hiérarchie (et particulièrement au chien dominant), pas à l'agression. Mais les comportements d'agression sont très fréquents quand le chien a un statut équivoque. Je rappelle ici quelques informations données dans *L'éducation du chien*.

Il existe différentes formes d'agression, que l'on peut reconnaître en étudiant les séquences des comportements d'agression, les circonstances

(contextes) de leur apparition et l'état psychologique et émotionnel du chien. On reconnaîtra, entre autres :
- les agressions compétitives ou hiérarchiques ;
- les agressions de défense : distancement, irritation, peur, possession territoriale et maternelle ;
- les hyperagressions et agressions atypiques ;
- les comportements de chasse (ou prédation).

Ces différentes formes sont résumées ci-dessous dans deux tableaux, le premier exposant les contextes et les circonstances de l'agression, le second explicitant les séquences de l'agression.

CONTEXTES ET CIRCONSTANCES D'AGRESSIONS	
Agressions	Contextes, circonstances
Atypique	Contextes et circonstances variables.
Compétitive	Préservation, remise en cause ou tentative d'acquisition des prérogatives hiérarchiques : contrôle de l'espace, lieu de couchage (lit, fauteuil, coin du tapis, etc.), aliment de choix, partenaire social ou sexuel (flirt), etc.
De distancement	Agression de type menace avec saut ou courte attaque impressionnante envers quelqu'un (ou un autre chien) qui s'approche de lui ou le regarde. L'agression s'arrête quand l'individu menacé reste à distance ou s'éloigne.
Par irritation	Agression contrôlée en cas de frustration, de douleur, de faim (défense d'un aliment), de stimulations tactiles (brossage, caresses) répétées malgré la menace du chien (sa demande d'interrompre l'interaction par raidissement du corps ou grognement).
Maternelle	Défense, par une chienne qui allaite, de sa progéniture menacée (ou d'un substitut, comme un jouet, lors d'une lactation de « grossesse nerveuse »).

Par peur	Agression très violente, lorsque le chien est placé dans une situation qu'il juge dangereuse et dont il ne peut s'échapper physiquement ou mentalement.
Poursuite	Poursuite d'un objet en mouvement comme un coureur, un cycliste, etc., avec tentatives de morsures.
Prédation (chasse)	Poursuite, capture, morsures intenses, mise à mort et parfois ingestion d'une proie.
Territoriale	Gestion des intrusions (entrée et sortie) dans une partie de territoire du groupe.

SÉQUENCES D'AGRESSIONS

Agression	Intimidation	Attaque	Morsures
Atypique	Absente	Directe	Fortes
Compétitive	Structurée	Contrôlée	Contrôlées
Distancement	Structurée	Contrôlée	Contrôlées
Par irritation	Courte	Contrôlée	Contrôlées
Par peur	Signes de peur	Quasi directe	Fortes, répétées
Prédation	Absente	Séquences typiques	Fortes, répétées

Une morsure contrôlée consiste en une mise en gueule, un pincement, sans serrer, et ne laisse que peu de marques, parfois quelques ecchymoses. Une morsure forte perce la peau et nécessite des soins.

L'agression compétitive ou hiérarchique

L'agression compétitive est un comportement normal chez le chien. Elle se manifeste en situation de compétition pour un privilège, pour une ressource insuffisante :
• l'accès à un aliment ;

- la maîtrise d'un espace ;
- le contrôle d'un partenaire social ou sexuel.

Cette compétition s'exprime autant entre chiens qu'entre chiens et humains. Elle dépend donc du statut hiérarchique respectif de l'animal et de ses propriétaires.

La séquence de l'agression compétitive comprend trois phases :
- l'intimidation (menace) : grognements, hérissement des poils du cou, raidissement du corps, regard fixe ;
- l'attaque : mise en gueule sans serrer, pincement bref, morsure contrôlée en tenant, claquement des dents dans le vide (mouvement d'intention), morsure forte en tirant ;
- l'apaisement, l'arrêt ou la fin du conflit : pose d'une ou deux pattes antérieures sur le garrot (chien), le torse (humain), les genoux (humain), léchage de la région mordue, léchage ou mordillement des cheveux ou d'une oreille.

L'agression compétitive s'arrête au moment où l'un des adversaires prend une posture basse, fait un rituel d'apaisement ou de soumission. Elle peut donc s'arrêter à la phase d'intimidation. Si l'attaque et la morsure sont nécessaires, le contrôle de la morsure dépendra de :
- la différence de statut des deux partenaires ;
- l'impulsivité du chien mordeur.

Plus le chien mordeur est dominant et plus l'individu (chien ou humain) est dominé, plus la morsure est contrôlée : c'est une simple remontrance. Mais si les deux adversaires sont de statut égal ou indéterminé, la morsure a pour but de prendre la peau de l'adversaire, de le bousculer d'un mouvement du corps afin de le faire tomber. Généralement, celui qui tombe perd le combat. Dans ce cas, la morsure est une prise forte et tenue. Sur la peau humaine, elle laisse des marques importantes, voire des déchirures.

Le conflit se termine avec des postures claires. Le vainqueur prend une posture haute, le vaincu adopte une posture basse. La plus basse des postures est la position de soumission : le chien est immobile, couché sur le dos ou sur le côté, les quatre membres fléchis en l'air, le cou tendu. L'immobilité est indispensable. Cette posture ritualisée doit stopper l'agression du vainqueur. Si ce n'est pas le cas, le vaincu agresse par peur, très violemment. Par exemple, le chien puni par son propriétaire se soumet et se couche immobile. Le propriétaire continue à le réprimander, voire à le toucher. Le chien vaincu, soumis, a le droit de ne pas apprécier cette situation de punition exagérée et peut se relever, s'éloigner en grognant au lieu de rester couché immobile. Poursuivre le chien perdant peut entraîner de sa part une agression de défense. Le propriétaire doit apprendre à s'arrêter au moment de la soumission de son chien.

Après l'arrêt du conflit, le dominant parade en adoptant une posture haute et fière. Il s'exhibe à tous les membres du groupe. Il peut chevaucher le vaincu, lui mettre la patte sur l'épaule, lui lécher les plaies de morsure.

Avec une attitude haute, le dominant vient dire au dominé que le conflit est terminé. Demande-t-il pardon, comme le croient bien des gens ? Non, il demande en fait la soumission du vaincu. Le propriétaire mordu qui accepte que son chien le lèche reconnaît implicitement avoir perdu le conflit et être descendu d'un échelon dans la hiérarchie.

Plus de bruit que de mal

Une agression compétitive ne devrait jamais dégénérer jusqu'à la blessure sérieuse. C'est une chorégraphie dans laquelle les deux adversaires sont des partenaires et leurs postures sont complémentaires. Au moment de l'indécision des statuts, quand chacun des chiens fait du théâtre, se gonfle et se grandit pour paraître plus imposant et joue à essayer de faire peur à l'autre, chaque adversaire se croit supérieur. Et l'attaque permet de décider qui a raison et qui a tort.

Oui, mais les adversaires sont-ils de gabarit égal ? Pas toujours, et c'est à ce moment-là qu'ils peuvent se blesser sérieusement.

Selon la race, le poids d'un chien varie de 1 kg à 100 kilos. Les chances ne sont pas égales. Tout se passerait bien si le chien avait une notion de son gabarit, une conscience de soi qui lui permettrait de calculer les masses et les puissances et de prévoir l'issue d'un combat. Mais il en est incapable, il n'a pas cette compétence cognitive. Le chien fait plus confiance à ses mimiques et à ses postures qu'à son gabarit. Et un petit chien impulsif ne se gêne pas pour attaquer un mastiff.

Le chien dont la masse est la moitié de celle de son adversaire peut subir des blessures sérieuses. Quand la masse est le dixième de celle de l'adversaire, il peut y avoir mort. Mais si les adversaires ont le même poids, il ne devrait pas y avoir de blessure sérieuse. Sinon, il faut soupçonner l'existence d'une pathologie comportementale.

Pourquoi agresser ?

Un chien dominant ne devrait recourir à l'agression que lorsqu'il n'a pas d'autre solution à sa disposition, par exemple, lorsque :
- les privilèges sont remis systématiquement en question ;
- les postures dominantes sont insuffisantes pour soumettre le challenger ;
- le chien est anxieux parce qu'il est obligé d'être sans arrêt vigilant pour préserver son statut ;
- le chien est anxieux parce que les propriétaires émettent des messages ambivalents ou contraires.

Mais le problème est que tous les chiens ne sont pas des modèles d'équilibre émotionnel et psychique. On devra donc tenir compte :
- du chien impulsif et prompt à l'attaque en toutes circonstances ;
- du challenger hyperactif ou délinquant qui ne respecte pas la procédure ni les règles ;

• du dominant anxieux ou dépressif qui ne contrôle plus totalement ses comportements.

C'est pourquoi à chaque diagnostic réalisé sur une structure sociale, on associe le diagnostic d'une éventuelle pathologie comportementale ou émotionnelle.

Le dominant manipulateur

Hector est un cocker très sympathique. Ses yeux immenses et tristes donnent envie de le prendre dans les bras. C'est ce que font souvent ses propriétaires, et il adore ça. Parfois, il les regarde fixement, comme s'il sondait leur âme. Parfois, il lui arrive de ne pas les regarder lorsqu'ils lui adressent la parole. Il fait comme s'il n'entendait pas. Et, d'ailleurs, il n'obéit pas, il grimpe sur le fauteuil et jette un regard langoureux. Comment résister ? Les propriétaires changent tout simplement de fauteuil. Quand il le veut, il est très gentil, mais il peut être grognon. Il a pincé à plusieurs reprises. Ce n'est jamais méchant. Il a toujours de bonnes raisons : quand on lui nettoie les oreilles, quand on lui essuie les pattes, quand on s'approche de lui pendant qu'il ronge un os. Tout ça semble normal, non ? Il n'aime pas rester seul. Il aboie surtout quand sa maîtresse part. Quand son maître s'en va et lui dit au revoir alors qu'il est couché sur le divan, il grogne.

En ce moment, il ne mange pas et il tousse. Pourtant, il n'est pas malade : les prises de sang et la radiographie du thorax sont normales. Il s'installe devant le propriétaire et tousse. Celui-ci le prend dans ses bras. Pour qu'il mange, il faut rester près de lui et lui donner la nourriture à la main.

L'efficacité du chien manipulateur

Le chien manipulateur obtient tout ce qu'il veut. Voici quelques-unes de ses caractéristiques.

- Il profite des mésententes dans le groupe et arrive à obtenir des privilèges de chacun : il mendie à table avec l'un, à la cuisine avec un autre, s'assoit dans le fauteuil quand le propriétaire permissif est présent (l'autre n'ose alors rien dire), etc.
- Il profite inconsciemment du bon cœur de ses propriétaires, de leur éthique, de leur refus de punir, de leur tendance à croire que l'amour est synonyme de laisser-faire.
- Il peut jouer à la victime à l'aide de mimiques et d'attitudes qui font craquer les propriétaires : face triste, tête penchée sur le côté, yeux grands ouverts.
- Il menace s'il n'obtient pas ce qu'il désire de façon automatique.
- Il change d'attitude quand on ne s'y attend pas : il devient agressif quand on joue, il demande à jouer quand on lui fait des remontrances et, finalement, il arrive toujours à imposer sa façon de faire.
- Il ne tient compte que de lui, de son estomac, de son désir de se promener, de son plaisir à courir dans les bois, de ses envies de caresses, de son désir de dormir quand et où bon lui semble.
- Il nous fait faire des choses que nous ne ferions pas de notre plein gré, par exemple ne plus partir en vacances à cause de lui.

Le chien manipulateur est intelligent

Le chien manipulateur doit être capable d'observation et de déduction et aussi de manipuler l'information. Il est terriblement centré sur lui-même et arrive à obtenir toutes les informations pertinentes dans son groupe social pour vivre une vie agréable, si nécessaire au détriment des autres. La manipulation de l'information se retrouve dans les rituels de recherche d'attention qu'il crée avec ses propriétaires.

- Le refus de manger jusqu'à ce qu'on lui donne la nourriture à la main.
- La boiterie, le léchage, la toux : ce sont des moyens d'obtenir des attentions supplémentaires. Il simule des symptômes dans le but d'être le centre d'intérêt de certains membres du groupe.

- Les gémissements, les plaintes et autres aboiements nocturnes jusqu'à ce qu'on lui donne accès au jardin ou à la chambre à coucher.
- La modification du sens des rituels de soumission, comme se coucher sur le dos quand on lui fait des remontrances pour se faire caresser, et ça marche !

Le dominant manipulateur est difficile à traiter

Le chien dominant manipulateur se trouve entouré de personnes qui acceptent d'être manipulées parce que, par exemple :
- elles n'en ont pas pris conscience ;
- c'est dans leur système de pensée de céder à tous les caprices du chien, parce qu'elles croient que l'animal est un être essentiellement bon ;
- elles refusent de mettre en place un système de correction (punition).

Le chien manipulateur devient un élément de stress permanent, mais il le fait doucement. L'épuisement ne se fait sentir que longtemps après. Et encore faut-il que le propriétaire associe son épuisement avec les demandes incessantes de son chien et pas avec les problèmes de couple, de famille, de travail ou quoi que ce soit d'autre.

Remettre ce chien dominant dans un système structuré, dans une hiérarchie claire est très difficile parce que les propriétaires refusent de changer leur façon d'être et de modifier leurs représentations.

Il faudra donc développer l'affirmation de soi et l'assertivité des propriétaires.

L'ex-dominant
ou la perte de statut

Rex était un labrador d'exception et de caractère. Il a travaillé avec sa maîtresse pendant sept ans, un record pour un chien guide d'aveugle. Rex devait prendre des décisions. Sans doute en prenait-il un peu trop et avait-il acquis, grâce à cela, de nombreux privilèges. Mais comme il n'en abusait pas, cela ne posait pas de problème. Seul un grognement signalait qu'il valait mieux se tenir coi. Par ailleurs, son travail était impeccable. Mais voilà, il se faisait vieux, et on l'a remplacé. Sa propriétaire s'attendait à avoir un nouveau chien comme lui, avec les mêmes qualités exceptionnelles et le même entrain. Elle a donc choisi un mâle. Rex a été mis de côté, mais elle l'a gardé, car elle s'y était attachée. Après sept longues années de bons services, c'est normal. On a conseillé à la dame de prendre une chienne, mais elle a été intraitable. Comme elle vivait seule, elle préférait les chiens mâles et n'y voyait pas d'inconvénient. Le seul inconvénient aurait été qu'un conjoint se chamaille avec un chien mâle. Mais pas de conjoint, pas de conflits, et Rex la respectait.

Rex n'a pas apprécié le nouveau venu. Sultan ne s'en est pas laissé conter non plus. À deux ans, il est dans la force de l'âge. Ayant à prendre des décisions fréquentes et vivant en permanence à proximité de sa maîtresse, il a voulu s'imposer. Des bagarres ont eu lieu entre les deux chiens, mais elles se sont calmées sans aucune intervention. Toutefois, pour se simplifier la vie, la dame a fait dormir Rex à l'écart, elle a fait manger ses deux chiens séparément, et sa vie est devenue un enfer. Elle n'arrivait plus à contrôler les deux chiens, mais elle ne pouvait se résoudre à se séparer de Rex. Que pouvait-elle faire ?

Pendant les deux ans qui ont suivi l'acquisition de Sultan, Rex a maigri, il est devenu malpropre, a eu des infections ou des allergies de peau, a dû être soigné de plus en plus souvent. Il est devenu malodorant. Pour son bien-être, sa maîtresse lui a offert le paradis.

L'ex-dominant est aigri

Pour un chien, la perte du statut de dominant est une catastrophe. Et pourtant c'est inévitable. Un chien ne reste pas au mieux de sa forme physique et psychique toute sa vie. Un jour, il doit céder son statut à de nouveaux venus, plus puissants et plus intelligents, mieux adaptés à la vie. Si avec l'âge et la perte de la force physique viennent aussi la richesse de l'expérience et la force morale ou du moins la capacité de manipuler un tant soit peu son environnement, cela ne dure qu'un temps. La perte des compétences et de la mémoire, et la confusion font que le chien dominant perdra son statut. Il devient vigilant, surveille tout et tout le monde, se sent forcé d'intervenir à tout propos et finit par céder à son stress permanent. Même s'il ne décompense pas dans un état dépressif chronique, fait aussi d'humeur irritable, il souffre néanmoins du délabrement progressif de son corps : articulations douloureuses, besoin accru de sommeil, incapacité d'intervenir assez vite pour rester le premier. La faiblesse musculaire et la lenteur au démarrage ne sont plus compensées par l'intelligence qui le faisait attaquer le premier. Il perd de plus en plus de combats, au point de se dire qu'il ne lui est plus vraiment utile de défendre ses privilèges.

Dans la nature, le vieux dominant – le vieux malin – sera abandonné s'il ne peut plus suivre la meute. Dans la famille, on le garde et on lui offre une vie la plus agréable possible. Ne pouvant plus mourir seul au fond des bois, il doit vivre le stress de la perte de statut pour le reste de son existence. Certains s'en accommodent bien. D'autres développent des pathologies comportementales, comme la dépression ou des maladies psychosomatiques qui accélèrent le vieillissement.

Le traitement du dominant retraité

Il ne sera pas possible de le rendre dominant de nouveau et, de toute façon, ce n'est pas conseillé. Il faudra améliorer ses capacités d'adaptation et lui accorder des activités et des moments privilégiés, qu'il n'aura à partager avec personne.

Le diagnostic d'un problème de hiérarchie

Faire le diagnostic d'un chien dominant est simple (voir p. 19). Voici un rappel. Il est probable que votre chien est dominant s'il présente :
- 8 critères (privilèges) de dominance ;
- 3 postures ou comportements dominants.

Faire le diagnostic d'un problème de hiérarchie dans une famille-meute requiert une analyse plus élaborée.

Le diagnostic, un processus rigoureux

Pour faire un diagnostic de problème de hiérarchie, le vétérinaire comportementaliste (le ou la vétérinaire, mais pour la facilité d'écriture, je mettrai « le ») doit tenir compte :
- des humeurs, des émotions, des capacités sensorielles, des comportements et des réactions physiologiques du chien ;
- des privilèges et des postures du chien ;
- des croyances et des représentations (cognitions) du chien ;
- des règles dans le système social familial ;
- des alliances dans le groupe.

La procédure pratique

Le vétérinaire comportementaliste ne peut pas se contenter de déterminer le niveau de dominance du chien par rapport :
- à chaque membre (humain et chien) de la famille ;
- à chaque coalition des membres de la famille.

Il doit aussi estimer l'effet des coalitions du chien avec chaque membre de la famille par rapport :
- à chaque autre membre (humain et chien) de la famille ;
- à chaque autre coalition des membres de la famille.

Enfin, l'ensemble de ces évaluations prendra en compte l'évolution des relations dans le temps et particulièrement l'arrivée du chien – ou des chiens – et des membres humains de la famille :
- à l'âge de la puberté ;
- à l'âge adulte ;
- au moment de maladies physiques ou psychologiques ;
- au moment de changements dans le groupe (absences, vacances, hospitalisations, etc.).

Un expert en intervention systémique, familiale (psychologue, psychiatre) peut aller plus loin et déterminer :
- la structure de la hiérarchie familiale ;
- la culture familiale ou les mélanges de cultures familiales ;
- les représentations, les éthiques et les idéologies humaines ;
- les loyautés avouées ou secrètes ;
- les hyperattachements avoués ou secrets ; etc.

Il est vrai qu'un vétérinaire comportementaliste aura une petite idée de toutes ces problématiques, mais ce ne sera pas son mandat d'intervenir, même pour améliorer un problème de hiérarchie dans lequel le chien souffre ou agresse.

Le diagnostic dans une meute

La procédure de diagnostic dans un groupe de chiens est comparable à celle dans une famille ayant adopté un ou plusieurs chiens.

Les diagnostics différentiels

Comment ne pas se tromper et bien affirmer que son chien est dominant, que la structure familiale ou celle de la meute est perturbée et qu'il ne s'agit pas d'un chien hyperactif, délinquant ou anxieux ?

C'est au vétérinaire comportementaliste de poser le diagnostic définitif. Une chose est certaine : tous les troubles dont je viens de parler peuvent être associés.

Traiter un problème
de hiérarchie

Le chien dominant n'est pas toujours une nuisance dans la famille. Il est même souvent très apprécié par son ou sa propriétaire, particulièrement du sexe opposé au sien, parce que c'est un chien dévoué et affectueux. Cependant, quand il défend ses privilèges, détruit les chambranles de la porte, lève la patte sur le sofa, vole les sous-vêtements, la famille commence à trouver la situation fâcheuse.

Prévention

La prévention est aisée. Il suffit – encore faut-il y arriver – de ne pas laisser le chien accéder aux privilèges de dominance.

Et si la dominance n'est pas génétique, l'impulsivité et certains modes d'agression le sont. Ces modes de fonctionnement peuvent ensemble pousser le chien à prendre des privilèges.

Amour, dominance, soumission et travail

Certains chiens sont dominants, parce que nous leur envoyons des messages ambivalents. Et nous leur envoyons de tels messages parce que nous les aimons.

Si on adopte un chien dans une famille, c'est pour lui donner de l'attention et de l'amour. Ce n'est pas pour le reléguer dans une pièce éloignée, dans le garage ou dans un chenil. Alors que faire ?

Prendre toutes les décisions ? Cela ne laisse pas au chien grande autonomie de décision ! Et pourtant ! Le chien se sentira-t-il mal avec cela ? Dans notre réflexion, n'oublions pas que, il y a 15 000 ans, les chiens étaient sauvages. Ensuite, l'homme les a domestiqués pour travailler. Depuis à peine 50 ans, la plupart des chiens n'ont rien à faire que de jouer un rôle ornemental et affectif. La génétique des chiens a-t-elle changé en 50 ans (environ 25 à 30 générations) ? Je crois que les chiens ont besoin de faire quelque chose, de travailler, de jouer, d'apprendre, d'être occupés, mais surtout de mériter une forme de salaire comme l'attention, les caresses et les repas par une forme de travail ou d'obéissance. C'est pourquoi je suis un adepte de la devise : « Rien n'est gratuit, tout se mérite. »

Quand la solution accroît le problème

Quand on croit que le chien dominant doit être « cassé » et qu'on s'emploie à utiliser la force pour résoudre le problème, on finit parfois à l'hôpital. Oui, il est vrai qu'une démonstration de force est parfois spectaculairement efficace. C'est ainsi qu'après quelques mois de thérapie, cette jeune femme de 50 kg, exaspérée par son bobtail de 45 kg, l'a empoigné, plaqué au mur, sermonné une bonne fois et le problème a été résolu. Il s'agit d'une démonstration de force physique et morale où l'esprit et le corps sont en parfaite concordance et que le chien, sous médication, a accepté. Mais combien de propriétaires ambivalents auront cette attitude extrême qui envoie au chien un message clair et sans ambiguïté ? La plupart s'engageront avec méfiance ou crainte dans cette solution et le problème s'aggravera. L'ambiguïté de leur comportement – la force physique avec la crainte au ventre – entraîne juste l'effet contraire : le chien se sent plus fort, agresse et gagne, sortant de l'épreuve avec une supériorité accrue.

C'est pourquoi il est préférable pour la plupart d'entre nous d'engager la thérapie à petits pas, sans conflit, avec des techniques pourtant très efficaces.

Décider de traiter

Le chien dominant est un chien dont il ne faut pas sous-estimer le potentiel dangereux, surtout s'il est de grande taille. Ce chien ne vit pas seul, mais dans un milieu, une famille. Et c'est cette famille qui subit la plus grande partie du risque. Décider de traiter n'est pas la décision du vétérinaire, mais de la famille qui doit évaluer tous les enjeux.

Avant de traiter…

Avant de s'engager dans un traitement, il faut bien entendu faire un diagnostic précis. L'aide apportée par un vétérinaire comportementaliste est considérable. Il convient d'analyser et de déterminer :
- si le chien est sain (adaptatif) ou s'il souffre d'une pathologie des émotions (anxiété), de l'humeur (dépression), des comportements (hyperactivité, hyperagressivité), etc. ;
- le système dans lequel vit le chien (la famille) et son organisation, ainsi que les modes de représentation et l'éthique des personnes qui le constituent ;
- les interactions entre le chien et chaque membre de la famille ;
- l'indice de dangerosité.

Comment traiter la dominance ?

Mon approche est très pragmatique. En voici les principes :
- réduire le danger pour les propriétaires et toute personne qui entre en contact avec le chien ;
- réduire rapidement les nuisances pour les propriétaires (destructions, souillures, aboiements territoriaux…) ;
- provoquer la régression dans la hiérarchie – rabaisser le statut social – grâce à la participation active de la famille ;

- aider le chien à s'adapter ou à devenir indifférent à la perte de statut social, à l'aide de médicaments ;
- maintenir ou redonner au chien un état de bien-être (réduire l'anxiété) à l'aide de médicaments, si nécessaire ;
- supprimer les solutions spontanées qui aggravent le problème ;
- encourager les solutions spontanées qui améliorent la situation ;
- évaluer le temps que le système familial se propose de prendre pour améliorer la situation ou obtenir la guérison.

Tous ces critères font que la stratégie de traitement varie d'un chien à l'autre et d'une famille à l'autre.

La stratégie thérapeutique

Est thérapeutique ce qui permet de redonner à l'animal la capacité à s'adapter à son système. Voici différents choix thérapeutiques.
- La compréhension de l'organisation sociale.
- L'utilisation de médicaments.
- La thérapie cognitive : changer la façon dont le chien se représente la situation sociale.
- La thérapie systémique : modifier le système social et son organisation.
- La thérapie comportementale : agir sur les causes et les conséquences d'un comportement.
- L'éthologie : respecter les contraintes de la nature animale, c'est-à-dire ses besoins d'activité et ses façons de communiquer.
- Les techniques mécaniques : trucs et astuces pour réduire les nuisances et l'agressivité, sans pour autant avoir de vertus thérapeutiques.
- Le replacement : un chien dominant dans un système social n'est pas obligatoirement dominant dans un autre groupe.
- L'euthanasie : pourquoi pas si la dangerosité est excessive et difficile à contrôler par l'ensemble du système social ?

Je vais décrire ici les grandes lignes. Dans une stratégie thérapeutique, on choisit une ou plusieurs méthodes. Comme l'humain a tendance à résister au changement, le système thérapeutique – la famille, le ou les chiens et le ou les vétérinaires concernés – choisit habituellement des méthodes qui n'exigent pas trop de participation personnelle. Puis, au cours de la thérapie, bien souvent les propriétaires demandent à s'investir davantage.

La compréhension de l'organisation sociale

La première thérapie est intellectuelle. Une fois que l'on a bien compris comment fonctionne une organisation sociale, pourquoi un chien manipule, agresse, est mal dans sa peau pour des raisons d'organisation sociale ou de pathologie comportementale, on émet inconsciemment, automatiquement, des changements dans sa façon de penser, de faire et d'être. Le chien réagit alors en modifiant sa façon de faire et d'être. On peut résoudre de nombreux cas à l'aide de lectures ou en consultant un vétérinaire comportementaliste.

Les médicaments

Le choix du bon médicament

Pourquoi utiliser un médicament si le chien est normal ? Bonne question ! S'il est justifié d'utiliser un médicament lorsque le chien est anxieux (dominant et anxieux), lorsqu'il est hyperagressif (dominant et hyperagressif), lorsqu'il est hypersexuel (dominant et hypersexuel), est-ce vraiment nécessaire quand le chien est normal et présente des comportements d'agression réactionnelle normaux en présence d'un système qui, à son avis, tourne mal ?

La réponse est non, mais elle est oui quand le calcul de dangerosité signale un réel danger pour les membres de la famille, pour des enfants, pour des personnes âgées ou invalides.

Le choix d'un médicament efficace

Dans ce domaine, je laisse le choix au vétérinaire. On ne peut pas user de médicaments qui ont un pouvoir désinhibiteur potentiel, c'est-à-dire qui peuvent, à faible dose généralement, ou à trop haute dose, avoir un effet inverse et augmenter l'agression. On ne jouera pas avec du diazépam, de l'acépromazine, des butyrophénones, des barbituriques ou des produits similaires. Et surtout, au moindre signe anormal, on appellera le vétérinaire afin d'avoir son avis. Les sédatifs réduisant les capacités d'apprentissage sont peu recommandés sauf dans les cas de forte dangerosité.

Le choix d'un médicament n'est pas définitif. Il est lié à la stratégie de traitement. Et comme cette stratégie évolue avec le temps, la demande et la nécessité, la dose ou la nature du médicament peut être changée.

La thérapie cognitive

La thérapie cognitive est aisée… en théorie. Il suffit – encore faut-il y arriver – de ne plus laisser le chien accéder aux privilèges de dominance et lui interdire les postures hautes.

Enlever les privilèges dominants

Il faut enlever tous les privilèges de dominance qui comptent pour le chien, qui sont importants dans sa vision de la hiérarchie. Et ces privilèges changeant d'un chien à l'autre et d'une famille à l'autre, il faudra étudier la question individuellement.

Je propose d'enlever les privilèges :
• qui sont importants pour le chien ;
• qui ne sont pas importants pour les membres de la famille.

Si le chien dort sur le lit, qu'il n'y a pas d'agression sur le lit, qu'il est important pour le propriétaire que le chien dorme sur le lit, pourquoi changer ce privilège ?

Si le chien mange avant ses propriétaires, qu'il fait tout un cinéma, ne mangeant que s'il a des spectateurs et que cela ennuie les propriétaires de devoir assister au repas du chien, et même de devoir lui donner à manger à la cuillère, voilà un privilège à modifier. Le chien assistera au repas de ses propriétaires, mangera après eux, en un temps limité à 5 minutes et, qu'il ait mangé ou non, le repas sera enlevé après le délai imparti.

Je vous renvoie à la p. 17 où se trouve la liste des privilèges du chien dominant et au chapitre concerné p. 21.

Rien n'est gratuit, tout se mérite

S'il n'y avait qu'une chose à changer chez le chien dominant, ce serait la gratuité des choses : aliments, caresses, attentions, promenades, jeux…

Le chien doit travailler pour obtenir chaque chose de la vie courante et doit apprendre à communiquer avec une posture neutre et légèrement basse pour obtenir repas, caresses et jeux. Il n'a pas besoin de prendre une attitude de « chien battu ». Une posture neutre, un regard légèrement détourné sera suffisant. Et il peut montrer des signes de plaisir, comme agiter la queue.

Comment faire ? Le problème est que le chien demande des caresses. Faut-il les lui refuser ?

- Oui. Il faut renvoyer le chien à distance. Quand il s'éloigne, on peut le rappeler. S'il ne vient pas, tant pis. Au moins, on n'a pas perdu son statut parce qu'on n'a pas obéi au chien. S'il obéit et vient, on peut le caresser.

- Non. Dans ce cas, il faut le faire obéir et ensuite le caresser pour le récompenser de son obéissance.

La récompense renforce positivement le dernier comportement : c'est son obéissance qui est récompensée et non sa demande de caresse.

Un autre problème est que le maître répond aux demandes du chien sans s'en rendre compte. Le traitement sera long : il comprendra la prise de conscience, par les maîtres, des réponses automatiques, leur conversion dans la représentation mentale, leur transformation en actions et enfin leurs effets sur la représentation mentale du chien et sur son statut social. Cette chaîne de petits changements donnera au bout du compte de grands résultats.

Désamorcer les agressions

Je ne désire pas que le propriétaire agresse son chien, parce que le chien répondrait sans doute à cette agression par une agression plus violente et parce que ce n'est pas, sauf exception, une méthode efficace.

Je ne désire pas que le propriétaire se mette en colère, parce que la colère est un signe de faiblesse et non de dominance ou d'autorité.

Je ne veux pas que le propriétaire ait peur de son chien. Quand il vient voir un vétérinaire comportementaliste, il a déjà cédé à cette émotion.

Je souhaite que le propriétaire résiste – qu'il contrecarre et contrarie – aux agressions de son chien.

Je propose de désamorcer les agressions.

Le chien propose son propre scénario. Par exemple :

Le chien : « Je vais lever la patte et mon maître va se mettre en colère. Ensuite je vais grogner et il va partir. »

Le propriétaire : « Mon chien a levé la patte contre le divan, je suis en colère, je vais crier et le menacer avec un journal… »

Dans ce cas, le chien écrit le scénario et le propriétaire joue son rôle, parfaitement, suivant les désirs du chien.

Mais le propriétaire n'est pas obligé de suivre le scénario écrit par son chien, il peut écrire sa propre pièce et dire : « Mon chien a levé la patte, cela m'énerve, mais c'est ce qu'il cherche. Je refuse le conflit. Je vais rire, ça va le surprendre. Je vais lui proposer un jeu. S'il joue, j'ai gagné et il a perdu. S'il ne joue pas, je n'ai pas perdu puisque je ne suis pas rentré dans le conflit. Dans les deux cas, je gagne. »

Voilà ce que j'entends par désamorcer les agressions. C'est proposer une solution surprenante – bizarre et amusante – à la proposition de conflit du chien et à la symétrie des agressions du chien et du maître qui aboutit, on le sait, à l'échec du maître et à la confirmation du chien, chaque fois un peu plus, dans son rôle de vainqueur et de dominant.

Les techniques d'affirmation de soi

Affirmation de soi et assertivité sont des synonymes. Pour s'affirmer, il faut que le propriétaire :
- s'imagine ou se représente mettre fin diplomatiquement à un conflit avec le chien ;
- croie dans ses capacités à faire face au chien ;
- adopte spontanément une posture haute ;
- théâtralise ses expressions, fasse un vrai spectacle face au chien ;
- ne soit nullement en colère ;
- n'agresse pas le chien ;
- réussisse de petites étapes progressives.

Le but est de dire au chien : « Eh !, ici, c'est moi le patron ! », de façon telle que le chien l'accepte.
Je vous propose un jeu de rôle :
- prévoir un petit quart d'heure de temps libre ;
- vous mettre bien à l'aise dans un fauteuil ;
- attirer l'attention du chien, sans pour autant le faire venir à vous (tapez dans les mains, mais n'agitez pas un biscuit) ;

- regarder le chien sur le dos, la nuque ou la croupe, mais surtout pas dans les yeux ;
- maintenir le regard dans la direction du chien, mais pas de façon fixe et rigide (vous avez le droit de ciller des yeux) ;
- le maintenir jusqu'à ce que le chien détourne le regard ou s'éloigne.

C'est un conflit diplomatique. Et vous l'avez gagné. En répétant cet exercice, vous vous sentirez de plus en plus en confiance face au chien. Si vous craignez une réaction agressive du chien, mettez entre lui et vous une barrière physique ou attachez-le préalablement.

L'intervention systémique

Il y a différentes formes d'interventions systémiques. La plus simple, la plus abordable en médecine comportementale vétérinaire, est la restructuration du groupe. D'autres thérapies peuvent être mises en place par des spécialistes, psychologues ou psychiatres formés pour ce type d'intervention.

Pour simplifier une matière complexe, disons que l'intervention systémique s'adresse à des groupes de trois individus minimum. Pour une personne seule et son chien (un groupe de deux individus), on peut se contenter de l'enlèvement des prérogatives. Dès que le groupe dépasse deux individus, il faut faire intervenir la notion d'alliances et de coalitions qui structurent le système.

La réorganisation du groupe

Il faut structurer là où c'est le chaos et remplacer la rigidité par la liberté. Facile à dire, moins évident à faire. La hiérarchie de la meute se compose d'un couple dominant, d'une hiérarchie de mâles, d'une hiérarchie de femelles et d'un groupe de chiots. Dans cette structure, l'élément clé est le couple dominant.

Pour restructurer une famille pour y faire vivre un chien, mâle ou femelle, il faut identifier le couple dominant. Difficile et parfois insurmontable, car les couples humains ne s'entendent pas toujours. Qu'importe ? Pour la sécurité familiale et le bien-être du chien, le couple peut-il jouer à faire le couple dominant ? J'emploie le mot « faire » à bon escient. L'important, c'est de faire comme si le couple humain s'entendait bien et donc, était dominant. Pour cela, il faut respecter les règles du jeu.

- La distance entre les partenaires du couple dominant doit être plus petite que celle entre le chien et la personne de sexe opposé.
- En l'absence de la personne de même sexe (l'homme pour le chien, la femme pour la chienne), la personne a le droit de faire ce qu'elle veut avec le chien ou la chienne, tout en gardant à l'esprit que « rien n'est gratuit, tout se mérite ».
- En présence de la personne de même sexe que le chien, le conjoint ne s'occupe plus du tout du chien et s'occupe exclusivement de son conjoint ou, si c'est impossible, reste indifférent aux deux, mais en étant physiquement plus proche du conjoint que du chien.
- En cas d'agressivité du chien avec l'un des deux partenaires, ceux-ci se mettent côte à côte – si possible bras dessus bras dessous. Ils regardent le chien sur la croupe et avancent ensemble vers lui, jusqu'à ce qu'il s'éloigne. Pour ce faire, il faut que le chien puisse sortir sans être obligé de passer devant ses propriétaires.

Si les deux personnes qui vivent avec le chien ne sont pas un couple, elles peuvent jouer à « faire » le couple dominant. Leur coalition face au chien sera efficace.

Ces conseils restent très généraux. Le vétérinaire comportementaliste peut prescrire des réorganisations plus précises et détaillées.

Les interventions et les thérapies comportementales

Les interventions comportementales agissent sur les stimuli qui activent un comportement et ses conséquences. Ces interventions ne peuvent pas modifier le statut social, puisque celui-ci est la résultante de nombreux facteurs. En revanche, les interventions comportementales sont symptomatiques, elles peuvent influencer un comportement précis ou atténuer une nuisance particulière.

Travail sur le stimulus déclencheur

Le stimulus déclencheur d'une posture dominante, d'un marquage urinaire ou d'une agression hiérarchique peut être géré de plusieurs façons.
- Gestion de la présence ou de l'absence du stimulus déclencheur.
- Modification de la durée du stimulus déclencheur.
- Modification de l'intensité et de la durée du stimulus déclencheur pour modifier la réaction.

Si un chien dominant est agressif lorsqu'on va le caresser sur son lieu de couchage, que faire ?

Il suffit de ne plus aller le caresser. Le stimulus « se diriger vers le chien, le déranger, le toucher » est supprimé ou modifié, et le comportement est ainsi désactivé.

Si le chien est agressif quand on le caresse, que faire ?

Tout d'abord on détermine après combien de temps la réaction agressive se déclenche. Ainsi, on caresse le chien moins de temps qu'il n'en faut pour déclencher l'agression. Puis, on peut caresser le chien de plus en plus longtemps pour l'habituer. Si on sait que le chien réagit quand on lui touche le dos ou les pattes, mais pas le garrot, la tête ou le poitrail, il suffit de caresser sur les surfaces non sensibles d'abord, puis de progresser vers les surfaces sensibles, petit à petit.

Si le chien est agressif au moment des repas de ses maîtres, qu'il veut voler la nourriture dans les assiettes, que faire ?

La plupart des propriétaires mettent le chien à l'écart quand ils mangent, ce qui réduit le problème, mais ne résout pas la dynamique de communication. Il est préférable que le chien voie manger ses maîtres, quitte à être attaché à une courte distance pour ne pas les déranger.

Travail sur les conséquences

Les conséquences d'un comportement sont triples : positives, négatives ou neutres. Le chien a tendance à répéter les comportements suivis de conséquences positives (récompenses), à éviter les comportements suivis de conséquences négatives (punition), à abandonner les comportements suivis de conséquences neutres (extinction).

J'ai parlé de toutes ces techniques dans *Mon chien est bien élevé* et dans *L'éducation du chien*. Je ne les développerai pas ici. On les utilise pour l'éducation, la rééducation et la thérapie.

On n'oubliera cependant pas que la punition, comme technique unique, nécessite d'être répétitive et qu'elle n'a jamais appris à personne de nouveaux modes de comportement. Elle n'est donc pas génératrice d'adaptation.

Voici quelques exemples.

Si le chien est agressif quand on le caresse, on peut le caresser pendant 1 seconde, puis le récompenser avec un biscuit. Si le chien est agressif (grogne, menace), il ne reçoit pas de récompense. S'il s'est laissé faire, il est récompensé. Quand il répond 10 fois positivement, sans agression, on double le temps de caresse. Et ainsi de suite. On passera de 1 à 2 secondes, de 2 à 4 secondes, de 4 à 8 secondes, de 8 à 15 secondes (ce n'est pas le double, mais c'est plus facile pour la suite de la progression !), ensuite à 30 secondes, à 1 minute, etc.

Pour un chien dominant manipulateur qui recherche de l'attention en se léchant le flanc (par exemple) ou une patte et qui le fait ostensiblement devant ses propriétaires, il suffit de ne pas y porter attention ou de quitter la pièce. Le comportement n'étant plus suivi de conséquences positives va disparaître. Mais avant de disparaître, il va s'intensifier pendant une semaine.

Dans le cas du chien qui vient mordre vos mollets quand vous partez de la maison, vous avez le droit de donner une claque. La majorité des chiens ne sont jamais corrigés physiquement, alors que, dans une meute de chiens, ils n'hésitent pas à se mordre l'un l'autre. La correction doit être donnée sur-le-champ, être suffisante pour stopper momentanément le comportement et, surtout, ne pas être accompagnée de colère.

Travail sur les déclencheurs et les conséquences

On peut travailler sur le stimulus déclencheur, le comportement du chien, les conséquences de ce comportement. C'est ce qu'on appelle le contre-conditionnement. Il consiste à apprendre au chien un comportement qui entre en compétition avec celui qu'il produit spontanément en présence du stimulus.

Voici un exemple afin de mieux comprendre.

Si le chien est agressif au moment des repas de ses maîtres, qu'il veut voler la nourriture dans les assiettes, que faire ?

Il faut lui apprendre l'assis, ensuite l'assis à distance, puis l'assis-reste. Une fois cela acquis, on dessine un cercle autour de la table et on demande au chien de s'asseoir à l'extérieur du cercle pendant le repas. S'il franchit le cercle, il est corrigé immédiatement ou bien tout le monde se lève et s'avance vers lui pour qu'il retourne au-delà du cercle. Si le chien est très agressif, on réduit d'abord sa dangerosité avec des médicaments.

L'éthologie

L'éthologie est une science, pas une thérapie. Cependant, elle nous renseigne sur les besoins en activité des chiens que nous hébergeons et que nous avons modifiés par sélection artificielle depuis 15 000 ans. La science n'a pas encore créé de chiens vivants aussi inactifs que des chiens en peluche. Un chien, ça bouge. Et la pire chose qui puisse lui arriver, c'est de ne rien faire. C'est pourtant ce à quoi sont condamnés grand nombre de nos compagnons.

Si un chien est dominant et cause des nuisances dans sa famille d'adoption, ce n'est pas en le faisant courir davantage qu'on réglera le problème mais cela ne peut pas faire de tort. Cela ferait même le plus grand bien si le système familial s'arrêtait un moment de vivre dans l'opposition pour vivre dans la collaboration. En réduisant les conflits par d'autres stratégies et en augmentant les activités de groupe, les jeux, les activités sportives comme l'*agility*, on ne peut que redonner de la cohésion et de la cohérence à la famille.

Les techniques mécaniques

Par techniques mécaniques on entend surtout contrôler le chien avec une muselière, une laisse, une chaîne, un collier, une clôture, etc.

Ces méthodes n'augmentent pas l'adaptabilité du chien, mais plutôt celle de son écosystème. Si une cliente est rassurée parce que son chien agressif porte une muselière, tout son langage corporel se modifie ; elle est plus sûre d'elle. À ce moment-là, la technique mécanique facilite une thérapie cognitive.

Des techniques chirurgicales comme le désarmement des dents par nivellement des crocs, etc. font partie de l'arsenal des techniques de limitation mécanique de la dangerosité. Ces techniques sont à envisager lorsque la survie de l'animal dans son écosystème est remise en question.

Le replacement

Un chien n'est dominant qu'en relation à un système social. La dominance est relative, pas absolue. Mais peuvent être absolues certaines pathologies comportementales comme l'anxiété, la dépression, l'hyperactivité, la délinquance et l'hyperagressivité, pour n'en citer que quelques-unes. Si le chien n'a aucune pathologie comportementale, le replacement pourrait être couronné de succès.

Le replacement du chien est une thérapie si cela permet un nouvel équilibre du chien dans son nouveau système social et un nouvel équilibre de la famille en l'absence de ce chien.

L'euthanasie

L'euthanasie est une thérapie lorsqu'elle permet un équilibre de l'écosystème. Pour ce faire, elle doit respecter diverses conditions. Si le propriétaire a une relation superficielle avec un animal-objet, il serait bon qu'il ne reprenne pas d'animal de compagnie ensuite, car la même situation se répéterait. Mais dans le cas d'un propriétaire très attaché à son chien, la déculpabilisation facilitera le processus de deuil et de réengagement éventuel dans une nouvelle relation.

Traiter un conflit
entre deux chiens

Tout le monde n'a pas deux chiens. Mais quand c'est le cas, ces deux chiens doivent organiser leur vie dans une structure hiérarchisée. Tous n'ont pas le désir de dominer et d'obtenir des prérogatives, mais tous n'y sont pas indifférents.

Les querelles en présence des maîtres

Dans la majorité des cas, les chiens s'entendent bien quand ils sont seuls, mais se disputent en présence de leurs propriétaires. Ce que nous savons de la hiérarchie et des systèmes de plus de deux individus doit nous faire penser à des phénomènes d'alliance.

Grâce à des films vidéos tournés à l'insu de la famille, on peut étudier ce qui se passe. Le chien dominé s'allie avec un des propriétaires, qui n'en a souvent pas conscience. Le dominé menace alors le chien dominant de façon peu perceptible, mais suffisante. Le chien dominant, isolé, se sent obligé de continuer et de résoudre le conflit. Le propriétaire, qui n'a pas vu la menace du dominé, pense que c'est le dominant qui attaque sans raison et il le punit, récompensant le chien dominé qui viendra plus souvent chercher refuge auprès de lui pour menacer son congénère. Le propriétaire donne ainsi plus de statut social au chien dominé, qui devient provisoirement challenger. De cette façon, la hiérarchie a tendance à s'inverser en présence du propriétaire.

Aux aguets

Il y a trois phases dans l'évolution d'un conflit de chiens en présence du maître.

- La première est liée au début du conflit. C'est la remise en cause de certains privilèges, notamment celui d'alliance.
- Au cours de la deuxième phase, les chiens sont aux aguets. Ils s'épient l'un l'autre. Et les combats sont déclenchés non plus seulement par l'alliance avec le maître, mais par n'importe quel stimulus, comme le bruit de la sonnerie du téléphone, un déplacement du propriétaire, etc.
- Au cours de la troisième phase, les chiens s'empoignent dès qu'ils se voient, les morsures sont fortes et causent des blessures. Les propriétaires séparent les chiens.

L'égalité à tout prix

L'égalité est un concept humain politiquement correct. Mais dans la nature, il n'en est pas ainsi, surtout dans les organisations sociales complexes, y compris dans une meute. Même si la dominance n'est pas un diktat absolu, même si elle dépend des individus présents, des ressources, des prérogatives, des postures, des états de santé, etc., elle existe néanmoins et empêche l'égalité entre les membres du groupe. En cas d'égalité, que se passerait-il ? Qui obtiendrait un aliment, la compagnie d'un conjoint, etc. ? Il faudrait se disputer pour savoir qui a la priorité.

C'est ce qui se passe dans les familles égalitaires, où la règle est que chacun est égal et qu'un nouveau chien a autant de droits qu'un ancien. Un dominé et un dominant, ça n'existe pas sous leur toit. Le gros du travail du vétérinaire sera de faire prendre conscience que l'inégalité est source d'harmonie, que l'inégalité ne rend pas malheureux et que c'est l'égalité qui fait le malheur des chiens qui vivent ensemble et se disputent en présence du propriétaire.

La thérapie par désalliance

Si les chiens se bagarrent uniquement en présence d'un de leurs maîtres, il suffit de stopper immédiatement l'alliance ou de supprimer les spectateurs. Je propose simplement au propriétaire de quitter la pièce. Si les chiens sont trop occupés, claquer dans les mains permet parfois de les distraire un court instant, le temps qu'ils se rendent compte que le spectateur, l'élément de l'alliance, est parti et qu'ils se retrouvent seuls à gérer leurs problèmes. Il est très important que le propriétaire, en s'éloignant, ne regarde pas les chiens. Le regard possède un fort pouvoir d'alliance.

Une fois les deux chiens seuls, le dominant gagne le conflit en quelques secondes ou quelques minutes. Grâce aux rituels de dominance et de soumission, le calme revient.

J'utilise cette technique en consultation avec des chiens de petite taille. C'est impressionnant de voir les chiens entrer dans la bagarre et voir cette bagarre s'apaiser en quelques secondes dès que le propriétaire a quitté la pièce. Cela permet de faire un diagnostic de normalité chez les deux chiens et de trouble mineur dans le système familial.

Si le conflit ne cesse pas, il faut envisager d'autres hypothèses.

- L'environnement est trop petit et le chien dominé ne peut pas fuir et se mettre hors de portée.
- Le conflit dure depuis trop longtemps et les statuts sont trop incertains pour que le dilemme hiérarchique se résolve en quelques minutes.
- Un des deux chiens (ou les deux) souffre d'une pathologie comportementale et est incapable de s'adapter à la situation. Par exemple, il est hyperactif, délinquant, anxieux, dépressif, hyperagressif…

Un conflit de chiens de taille à peu près semblable ne devrait jamais dégénérer. Mais nous avons vu dans un chapitre antérieur que la taille n'entre pas en compte dans la conscience que le chien a, *a priori,* de son statut social, et que cela n'empêche pas un petit chien d'attaquer un grand, au risque de subir des morsures graves.

Le respect des règles

Si les combats existent pour clarifier une situation hiérarchique, c'est en dehors des conflits qu'il faut chercher la source de l'ambiguïté. Il convient de respecter les règles de préséance du dominant. Pour cela, il faut dresser un tableau des privilèges obtenus par chaque chien.

Dans le tableau suivant, cochez sous le nom du chien, ici A et B. Puis, faites un total pour déterminer quel chien a le plus de privilèges.

Privilèges	A	B
Manger le premier, quand il veut, à son aise, en présence de spectateurs.		
Dormir où il veut, dans la chambre, sur les fauteuils, au milieu d'une pièce.		
Contrôler les passages entre les pièces et le déplacement des personnes en se mettant dans le chemin ou à l'endroit qui permet de voir tous les déplacements, de tout savoir.		
Empêcher les individus (humains ou chiens) d'entrer ou de sortir du groupe ou de la pièce.		
Accéder à la sexualité devant tout le monde.		
Ne pas obéir aux ordres non suivis de gratification.		
Décider quand il va se promener, où, et combien de temps.		
Décider quand il veut jouer et imposer le jeu (le type de jeu et sa durée) aux autres.		
Total		

Il convient cependant de respecter la hiérarchie relative qui s'est organisée entre les chiens, c'est-à-dire la préséance de celui qui a le privilège. Si le chien A veut manger le premier et que B l'accepte, si B prend possession du divan et que A l'accepte, il faut respecter ces choix. N'établissez pas votre idée de la hiérarchie mais respecter celle des chiens.

Les trois prérogatives suivantes doivent être modifiées, parce qu'elles causent des difficultés et des conflits.

Prérogatives	A	B
Recevoir des attentions gratuitement ou à sa demande.		
Faire alliance avec les autres figures dominantes de la famille.		
Se mettre à proximité de la personne de sexe opposé et à une distance plus courte que la personne de même sexe.		

On peut tolérer la présence d'un chien à ses côtés en l'absence de l'autre chien. En présence des deux chiens, il est plus simple de les garder tous deux à distance. On peut, mais c'est plus risqué, respecter l'arrangement que les chiens ont négocié et laisser s'approcher le chien dominant à proximité du maître, si l'autre chien l'accepte. Il faut alors faire la différence entre :

- une présence passive qui peut être acceptable ;
- une présence active de demande d'attention qui est à la limite du tolérable ;
- une alliance avec menace sur l'autre chien qui est franchement intolérable.

Le respect des règles apporte la paix dans le ménage.

Les querelles en l'absence des maîtres

Si les conflits entre les deux chiens ont toujours lieu en présence et en l'absence, ou seulement en l'absence des maîtres, cela signifie que l'un ou les deux chiens présentent une pathologie comportementale. Les solutions doivent passer par le traitement de cette pathologie. En attendant, il vaut mieux séparer les chiens.

Querelles de chiens et autorité des maîtres

On a souvent affirmé que si le maître était dominant, les chiens ne se battraient pas en sa présence, comme si la présence d'un dominant exerçait un pouvoir inhibiteur sur l'ensemble du groupe.

S'il est vrai que les dominés doivent prendre une posture basse apaisante ou une posture de soumission en présence du dominant et surtout si celui-ci se mêle du conflit, il est aussi vrai que sa présence permet de faire des alliances dont il n'a pas conscience et de provoquer des conflits. Cependant, il devrait pouvoir arrêter ces conflits en intervenant et en corrigeant de la même façon les deux adversaires, attaquant et attaqué, en les tenant à distance de lui. L'autre façon de faire, plus efficace pour un humain, est de s'éloigner directement du champ de combat et de laisser les protagonistes arranger leur affaire ensemble, à l'abri des regards.

Réhabituer les chiens à vivre ensemble

Quand les chiens ont été séparés, seule solution trouvée par le système familial pour éviter les blessures, on peut tenter de les réhabituer à vivre ensemble. Utiliser des médicaments anti-agressifs, régulateurs de la vigilance, va faciliter la thérapie. La stratégie, c'est de parvenir à faire vivre les chiens dans la même pièce. Or, à ce stade, ils s'empoignent dès qu'on les met ensemble. Il faudra donc façonner leurs comportements.

Il y a trois étapes. Avant de passer à une étape ultérieure, chaque étape sera répétée un nombre de fois nécessaire (10 à 50 fois) pour que les chiens soient apaisés en quelques minutes en présence du congénère.

La première étape consiste à les mettre en contact visuel sans qu'ils puissent se toucher : on peut séparer deux pièces avec une barrière ou attacher chaque chien dans la même pièce. Les chiens restent ainsi en contact visuel et auditif pendant des heures, jusqu'à ce qu'ils montrent des signes de détente.

Ensuite, on les place dans un endroit neutre, comme un jardin. Si on craint les morsures, on musellera les deux chiens. On les laissera ensemble jusqu'à ce qu'ils aient trouvé des moyens de communication diplomatiques pour résoudre leurs conflits. Ensuite, on fera la même chose sans muselière.

Le prochain contact se fera dans des endroits à valeur hiérarchique, comme la cuisine, la salle à manger ou le salon. Avec muselière d'abord et sans muselière ensuite.

Dénouement

J'ai préféré le mot dénouement à celui de conclusion, car, décidément, je n'aime pas conclure. Le travail n'est pas achevé, loin de là. Les connaissances concernant la hiérarchie et la dominance évolueront encore au fil du temps.

Je suis arrivé au terme de ce guide en ayant dépassé le nombre de pages prévu. Mais il y a tant de choses à dire sur le chien dominant et sur l'organisation sociale du chien ! Des sujets comme l'agression et les pathologies comportementales n'ont pas obtenu la place qu'ils auraient méritée. Qui sait, d'autres livres seront peut-être écrits sur ces thèmes ?

Bibliographie

Outre mes 20 années d'expérience en comportement animal, d'innombrables lectures m'ont permis de définir ma vision du chien et de ses problèmes de comportement. Je reprends des terminologies dans de nombreux documents scientifiques dont voici quelques références.

- American Psychiatric Association, *Diagnostic Criteria from DSM-IV*, Washington, 1994.
- DEHASSE, Joël, *L'éducation du chien*, Montréal, Le Jour, éditeur, 1998.
- DEHASSE, Joël, *Mon chien est bien élevé*, Montréal, Le Jour, éditeur, 2000, coll. « Guide pas bête ».
- DEHASSE, Joël, Montréal, *Mon jeune chien a des problèmes*, Le Jour, éditeur, 2000, coll. « Guide pas bête ».
- DENNETT, D. C., *Brainstorms*, Montgomery, Bradford Books, 1978.
- OVERALL, K., *Clinical Behavioural Medicine for Small Animals*, St. Louis, Missouri, Mosby, 1997.
- PAGEAT, P., *Pathologie du comportement du chien*, Maisons-Alfort, Le point Vétérinaire, 1998, coll. « Médecine Vétérinaire ».
- SCOTT, John P. et John L. FULLER, *Dog Behavior : The Genetic Basis*, Chicago et Londres, The University of Chicago Press, 1965 ; Phoenix Edition, 1974.

DU MÊME AUTEUR

L'éducation du chien, Montréal, Le Jour, éditeur, 1998.
L'éducation du chat, Montréal, Le Jour, éditeur, 2000.
Chiens hors du commun, Montréal, Le Jour, éditeur, 2ᵉ édition, 1996.
Chats hors du commun, Montréal, Le Jour, éditeur, 1998.

Dans la collection « Guide pas bête »

Mon chien est bien élevé, Montréal, Le Jour, éditeur, 2000.
Mon jeune chien a des problèmes, Montréal, Le Jour, éditeur, 2000.
Mon animal de compagnie – comment le choisir ?, Montréal, Le Jour, éditeur, 2001.

Les livres de la collection « Mon chien de compagnie »

Le chat cet inconnu, Bruxelles, Vander, 1983.
Mon chien est d'une humeur de chien, Bruxelles, Vander, 1985.
L'homéopathie, pour votre chien, pour votre chat, Bruxelles, Vander, 1987.

Table des matières

Introduction   7

Chapitre premier   9
Questions
Mon chien est désobéissant — Mon chien est craintif — Mon chien est courageux —
Mon chien lève la patte — Mon chien est gentil — Mon chien est agressif —
Mon chien est une chienne — La dominance remise en question

Chapitre 2   13
Les différents axes de comportement
Les axes sont séparés — Les axes et la dangerosité — Le chien idéal en famille

Chapitre 3   17
Qu'est-ce que la dominance ?
Définition — Comment savoir si son chien est dominant ? — Les anciennes définitions

Chapitre 4   21
Les privilèges du chien dominant
Communiquer par accès aux privilèges — Tout comportement social est un message
complexe — L'accès à l'alimentation, le repas — L'accès à la sexualité —
Le contrôle de la distance sociale — Le privilège de prendre les initiatives —
L'accès à – et le contrôle de – l'espace — L'accès à la maternité —
Le dépôt des déjections sociales — La gestion des relations sociales —
Dominance et agression — Dominance et apprentissage

Chapitre 5   33
Les postures du chien dominant
Une communication claire — Postures, mimiques et rituels —
La posture haute et la posture basse — La mimique de menace —
Les rituels du chien dominant — Les rituels du chien dominé —
Statut, postures et comportements dominants

Chapitre 6   39
La hiérarchie
Pourquoi la hiérarchie ? — La hiérarchie assigne à chacun des droits et des devoirs —
Les conditions préalables à la vie en hiérarchie — Qui dirige ? —
Hiérarchie linéaire et circulaire — La meute

Chapitre 7 . . . . **45**
L'intelligence
Vivre en hiérarchie nécessite un haut degré d'intelligence — Quelle intelligence ? —
Les opérateurs logiques — La représentation sociale — La représentation et la
conscience de soi — Les dispositions intentionnelles —
Les croyances et les superstitions animales — Les croyances et la hiérarchie —
La vision du monde — La hiérarchisation d'un enfant — Un sujet complexe

Chapitre 8 . . . . **57**
Génétique de la dominance

Chapitre 9 . . . . **59**
La famille-meute
Le chien est assujetti aux règles familiales — Une société autoritaire — Une hiérarchie à trois
— Une hiérarchie dans une famille complexe — Le chien organisé ou… désorganisé —
Hiérarchie linéaire et circulaire — Communication

Chapitre 10 . . . . **71**
Hiérarchie et apprentissage
Désobéissance et dominance — Le statut du chien et la technique d'éducation

Chapitre 11 . . . . **75**
Le chiot dominant
Les conflits pour un os — L'âge de la hiérarchisation alimentaire — L'organisation de la
portée des chiots — Une hiérarchie chez les chiots ? — L'éducation à la posture de soumission
— Le chiot délinquant — Le rôle des humains — Un chiot peut-il être dominant ?

Chapitre 12 . . . . **81**
La puberté ou l'entrée dans la hiérarchie
La puberté, une période de crise — Les modifications comportementales — La puberté est
une métamorphose — La puberté est une période sensible — Le lever de patte
signe la puberté — La période des chaleurs — Les nouveaux prétendants — La marginalisation
des adolescents — Le détachement par rapport à la mère — L'obligation de
distanciation des humains — L'adoption d'un rôle social hiérarchisé — L'implication
hiérarchique des humains — La puberté, période de rejet de l'inconnu — La vision du
monde du chien adolescent — Désocialisation et défense territoriale

Chapitre 13 . . . . **91**
Le dominant sympathique
Un comportement sympathique — Chien d'aide

Chapitre 14 93
Le dominant agressif
Les comportements d'agression — L'agression compétitive ou hiérarchique —
Plus de bruit que de mal — Pourquoi agresser ?

Chapitre 15 101
Le dominant manipulateur
L'efficacité du chien manipulateur — Le chien manipulateur est intelligent — Le dominant
manipulateur est difficile à traiter

Chapitre 16 105
L'ex-dominant ou la perte de statut
L'ex-dominant est aigri — Le traitement du dominant retraité

Chapitre 17 109
Le diagnostic d'un problème de hiérarchie
Le diagnostic, un processus rigoureux — La procédure pratique — Le diagnostic dans une
meute — Les diagnostics différentiels

Chapitre 18 113
Traiter un problème de hiérarchie
Prévention — Amour, dominance, soumission et travail — Quand la solution accroît le pro-
blème — Décider de traiter — Avant de traiter… — Comment traiter la dominance ? — La
stratégie thérapeutique — La compréhension de l'organisation sociale — Les médicaments —
La thérapie cognitive — Rien n'est gratuit, tout se mérite — Les techniques d'affirmation de
soi — L'intervention systémique — Les interventions et les thérapies comportementales —
L'éthologie — Les techniques mécaniques — Le replacement — L'euthanasie

Chapitre 19 129
Traiter un conflit entre deux chiens
Les querelles en présence des maîtres — Aux aguets — L'égalité à tout prix — La thérapie par
désalliance — Le respect des règles — Les querelles en l'absence des maîtres —
Querelles de chiens et autorité des maîtres — Réhabituer les chiens à vivre ensemble

Dénouement 137

Bibliographie 139

Cet ouvrage a été achevé d'imprimer
en octobre 2000.